이 책의 특징

※ 소스 자료 다운받아 저장하는 법

순서 ① 아티오(www.atio.co.kr) 홈 [자료실] – [Start! 첫걸음 시리즈]를 클릭 료를 다운받습니다.

순서 ③ 바탕화면에서 [내 PC] 아이콘을 더블 클릭하거나 윈도 탐색 창을 연 다음, [문서]를 클릭합니다.

순서 ④ 문서 폴더가 열리면 이곳에 다운받은 압축 파일을 풀어서 저장시킵니다.

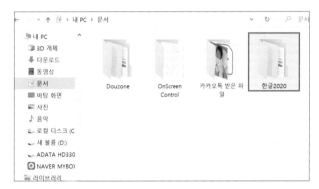

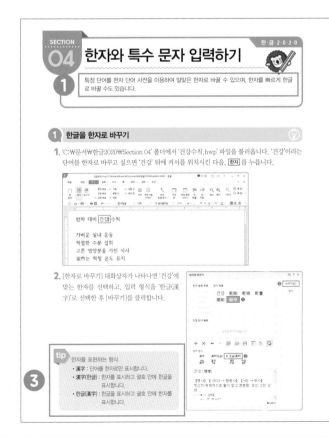

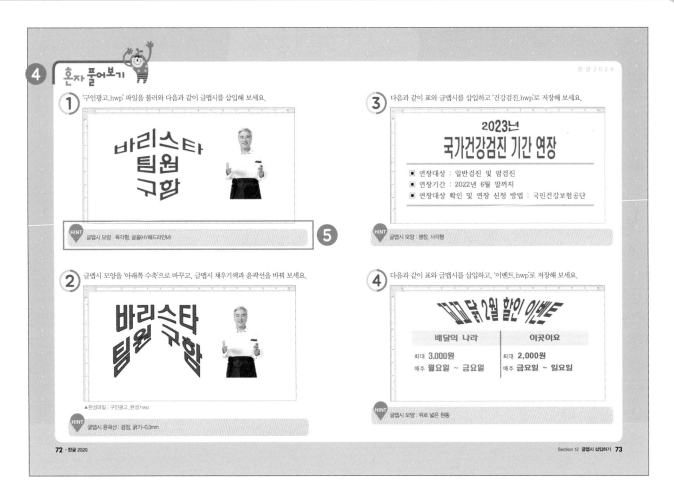

① 섹션 설명

해당 단원에서 배울 내용에 대한 전체적인 개념을 짚어줌으로써 단원에 대한 이해도를 증진시키도록 합니다.

② 따라하기

본문 내용을 하나씩 따라해 가면서 실습하다 보면 자연스럽게 관련 기능을 이해하여 활용할 수 있도록 하였습니다.

③ Tip

실습을 따라하는 과정에서 알아두면 도움이 되는 내용 및 저자만이 가지고 있는 다양한 노하우를 제공합니다.

④ 혼자 풀어보기

본문에서 배운 내용을 다양한 예제를 통하여 실습하면서 확실하게 익힐 수 있도록 실습 문제를 담았습니다.

⑤ Hint

혼자 풀어볼 때 도움을 줄 수 있는 핵심 내용을 제공합니다.

한글 2020 시작하기

한글 2020의 다양한 편집 기능을 이용하면 빠르게 문서를 작성하고 편집할 수 있습니다. 한글 2020을 실행하는 방법과 기본 화면 구성에 대해 알아보고, 화면을 확대 또는 축소해보는 방법에 대해 알아보겠습니다.

1 한글 2020 시작과 끝내기

1. 윈도우 시작(■)단추를 클릭한 다음 [한글 2020]을 클릭하거나 바탕화면의 [호] 바로 가기 아이콘을 더블 클릭합니다.

2. 한글 2020 프로그램이 실행되면 문서 시작 도우미 화면이 나타납니다. 문서 시작 도우미 화면에서 [새 문서]를 클릭합니다.

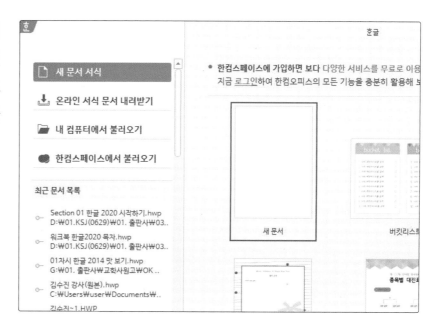

3. 다음과 같이 문서를 작성할 수 있는 빈 문서 화면이 나타납니다. 한글 2020 프로그램을 종료하고 싶으면 [파일]-[끝]을 클릭하거나, 제목 표시줄에서 × (끝)을 클릭하면 됩니다.

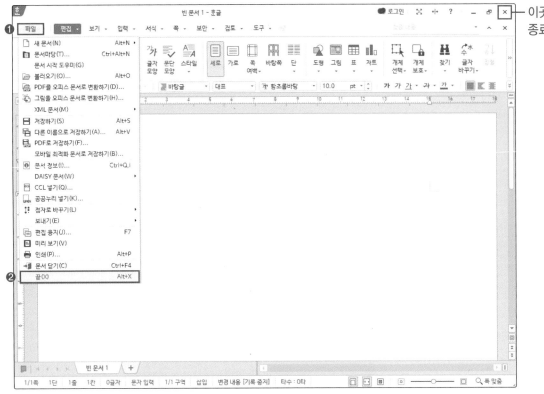

이곳을 눌러도 종료됩니다.

tip

한글 2020 프로그램에서 문서를 작성한 후 저장하지 않고 프로그램을 종료하면 다음과 같이 저장 유무를 묻는 대화상자가 나타납니다.

- **[저장]** : 작성한 문서를 저장합니다.
- **[저장 안 함]** : 작성한 문서를 저장하지 않고 프로그램을 종료합니다.
- **[취소]** : 프로그램 종료를 취소하고 문서 편집 상태로 되돌아갑니다.

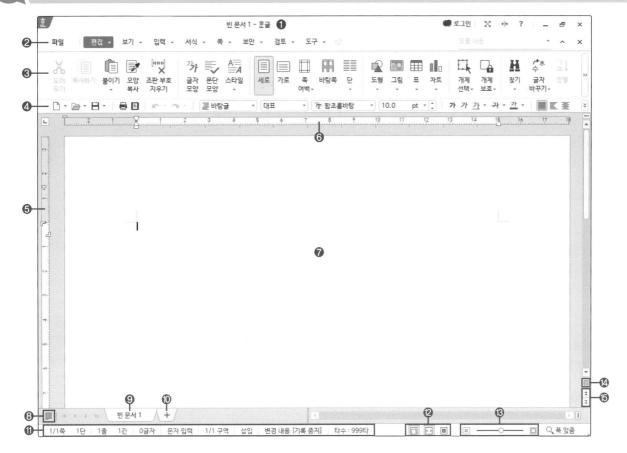

❶ **제목 표시줄** : 현재 문서 파일이 저장된 위치 경로와 파일 이름, 창 조절 단추(최소화, 최대화, 닫기)가 있습니다.

⛶ (전체 화면)	제목 표시줄, 메뉴 탭, 기본 도구 상자, 서식 도구 상자가 숨겨지고 편집 화면이 전체에 표시됩니다. ▫ (전체 화면 닫기)를 클릭하면 기본 화면으로 돌아옵니다.
⇸ (크게 보기)	메뉴 탭, 기본 도구 상자, 서식 도구 상자가 확대되어 표시됩니다. ⇸ (기본 보기)를 클릭하면 이전 상태로 되돌아 옵니다.
? (도움말)	한글 2020의 도움말을 볼 수 있게 도움말 화면이 나타납니다.
▬ (최소화)	창을 최소화하여 작업 표시줄에 표시합니다.
▢ (최대화)	창의 크기를 모니터 크기로 확대합니다.
⧉ (이전 크기로)	최대화된 창을 이전 크기로 축소합니다.
✕ (끝)	한글 2020 프로그램을 종료합니다.

❷ **메뉴 탭** : 프로그램에서 사용하는 메뉴들을 비슷한 기능별로 묶어 놓은 곳으로 메뉴를 클릭하면 하위 메뉴가 나타납니다.

찾을 내용 (찾기)	현재 편집하고 있는 문서에서 특정 단어나 문장을 찾습니다.
⌃ (기본 도구 상자 접기/펴기)	기본 도구 상자를 숨기거나 표시합니다.
✕ (문서 닫기)	현재 편집 중인 문서 창을 닫습니다.

❸ **기본 도구 상자** : 메뉴 별로 자주 사용하는 기능을 아이콘으로 표시해 놓은 곳으로, 작업 내용에 따라 그에 맞는 메뉴가 나타납니다.

❹ **서식 도구 상자** : 자주 사용하는 서식 기능을 빠르게 실행할 수 있도록 아이콘으로 표시해 놓은 곳입니다.

❺ **세로 눈금자** : 개체의 세로 위치나 높이를 파악하기 위해 사용합니다.

❻ **가로 눈금자** : 개체의 가로 위치나 너비를 파악하기 위해 사용합니다.

❼ **편집 창** : 글자나 그림과 같은 내용을 넣고 꾸미는 작업 공간입니다.

❽ **문서 탭 목록** : 열려 있는 문서 탭의 이름을 표시합니다.

❾ **문서 탭** : 작성 중인 문서의 파일명을 표시합니다. 저장하지 않은 문서는 파일명이 빨간색으로, 자동 저장된 문서는 파란색으로, 저장 완료된 문서는 검은색으로 표시됩니다.

메타버스	문서가 수정되었으나 저장되지 않음
메타버스	문서가 수정된 후 자동 저장됨
메타버스	문서가 수정된 후 저장됨

❿ **새 탭** : 새로운 문서 탭을 추가합니다.

⓫ **상황 선** : 현재 마우스 포인터의 위치와 문서 입력 상태에 대한 정보를 표시합니다.

⓬ **문서 보기** : 현재 문서 화면을 쪽 윤곽, 폭 맞춤, 쪽 맞춤 형태로 볼 수 있습니다.

▢ (쪽 윤곽)	머리말/꼬리말, 쪽 번호, 쪽 테두리 등 인쇄되는 모든 내용과 모양을 화면으로 직접 보면서 편집을 할 수 있습니다.
▣ (폭 맞춤)	편집 문서 창 크기로 편집 화면을 확대하거나 축소합니다.
▣ (쪽 맞춤)	현재 편집 중인 페이지를 한 화면에 모두 볼 수 있는 비율로 축소하거나 확대합니다.

⓭ **확대/축소** : 현재 문서 편집 창의 크기를 원하는 비율로 확대하거나 축소할 수 있습니다.

축소	화면이 5% 단위로 축소됩니다.
확대	화면이 5% 단위로 확대됩니다.
확대/축소	[확대/축소] 대화상자가 표시됩니다.

⓮ **보기 아이콘** : 쪽 윤곽, 문단 부호 보이기/숨기기 등과 같이 보기 관련 기능을 선택할 수 있습니다.

⓯ **쪽 이동 아이콘** : 작성 중인 문서가 여러 장일 때 페이지 단위로 이동할 수 있습니다.

1. 화면에서 기본 도구 상자를 숨기려면 특정 메뉴를 더블 클릭하거나 ∧(기본 도구 상자 접기/ 펴기)를 클릭합니다.

> **tip** 단축키 [Ctrl] + [F1]을 누르면 기본 도구 상자를 숨기거나 표시할 수 있습니다.

2. 숨겨진 기본 도구 상자를 다시 보이게 하려면 같은 방법으로 특정 메뉴를 더블 클릭하거나 ∨(기본 도구 상자 접기/펴기)를 클릭합니다.

3. 문서를 작성하면서 Enter 를 누른 곳을 표시하고 싶으면 [보기] 메뉴의 펼침(▼) 단추를 클릭하여 [표시/숨기기]−[문단 부호]를 클릭하거나, [보기] 메뉴를 클릭하여 기본 도구 상자에서 [문단 부호]에 체크 표시를 합니다.

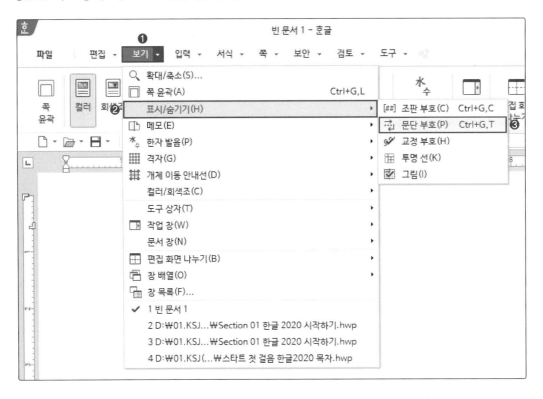

4. 다음과 같이 파란색의 문단 부호가 화면에 표시되어 어디에서 Enter 를 눌렀는지 쉽게 확인할 수 있습니다.

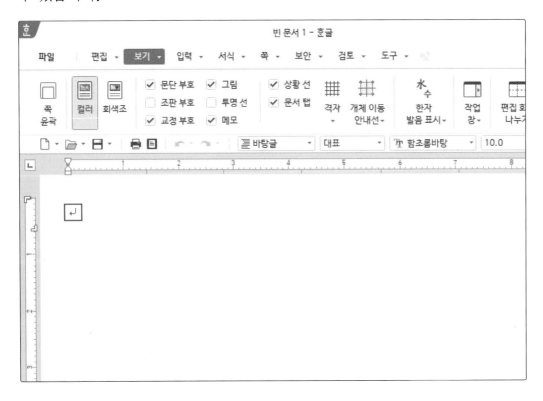

기본 문서 작성하고 저장하기

한·글·2·0·2·0

문서를 작성할 때 틀린 글자가 없도록 수정하거나 삭제하는 방법과, 저장하는 방법에 대해 알아봅니다.

1 기본 문서 작성하기

1. 화면을 크게 확대하기 위해 [보기] 메뉴의 펼침(▼) 단추를 클릭하여 [확대/축소]를 클릭합니다.

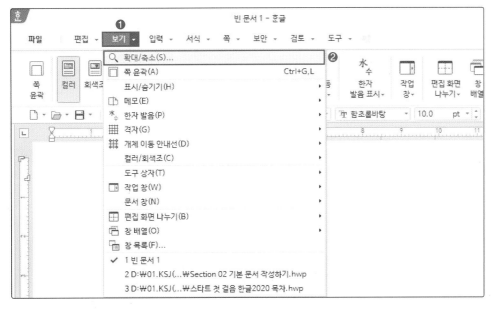

2. [확대/축소] 대화상자에서 배율에 '사용자 정의'를 클릭한 다음 "250"을 입력하고 [설정]을 클릭합니다.

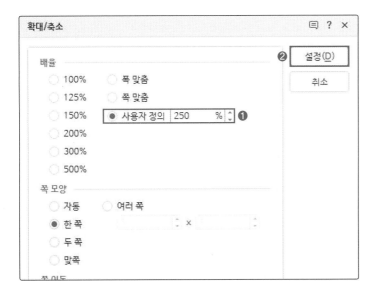

3. "한국의 역사와 문화"를 입력합니다. 그런 다음 '역사'라는 단어를 '언어'로 고치고 싶다면 커서를 '역'자 앞으로 이동시킨 후 Delete 를 두 번 누릅니다. 그러면 커서가 위치한 곳의 단어가 차례대로 지워집니다.

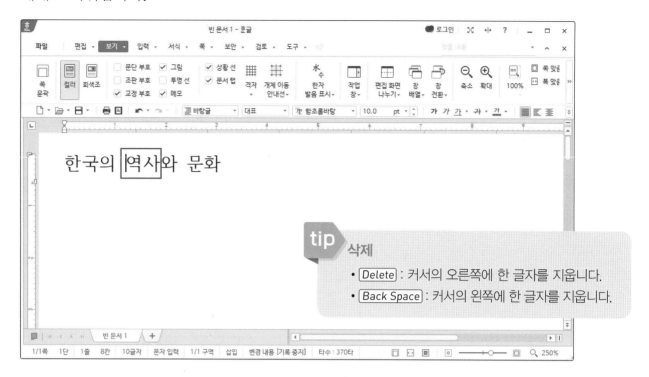

4. 다음과 같이 "역사"가 지워지면 상태 표시줄에 '삽입'이 표시되어 있는지 확인합니다. 이상 없으면 "언어"를 입력합니다.

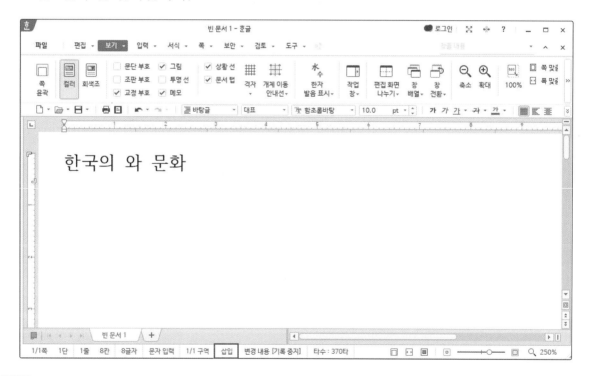

tip 상태 표시줄에 '삽입'이 '수정'으로 표시되어 있으면 Insert 를 눌러 '삽입'으로 변경한 후 내용을 입력해야 합니다.

5. 기존에 글자가 뒤로 밀리면서 새로운 내용인 '언어'가 입력됩니다. 계속해서 Enter 를 눌러 줄을 바꾼 후 다음과 같이 입력한 다음, '전통'이란 단어를 '풍경'으로 수정해보기로 합니다. 커서를 '전'자 앞에 위치시킵니다.

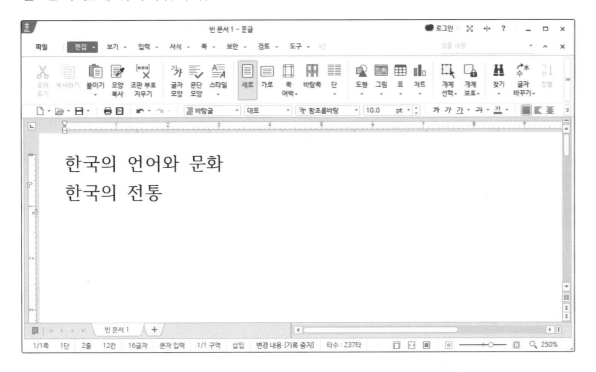

6. Insert 를 눌러 상황 표시줄에 '삽입'을 '수정'으로 바꾼 다음 "풍경"을 입력하면 "전통"이 지워지면서 새로운 내용이 입력됩니다.

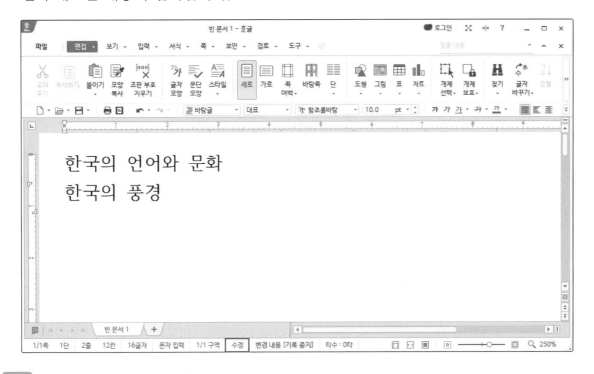

tip
- **삽입** : 현재 커서 위치에 글자가 삽입되면서 기존 글자가 뒤로 밀려납니다.
- **수정** : 현재 커서 위치의 글자가 입력된 글자로 변경됩니다.

1. 작성한 문서를 저장하려면 [파일] 메뉴를 클릭한 후 [저장하기]를 선택하거나, 서식 도구 상자에서 ☐(저장하기)를 클릭합니다.

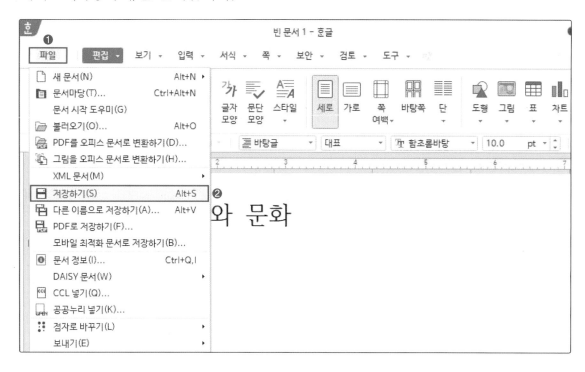

2. [다른 이름으로 저장하기] 대화상자가 나타나면 저장 위치는 'C:₩문서₩한글2020' 폴더로 지정하고 파일 이름은 "한국"으로 입력한 다음, [저장]을 클릭합니다.

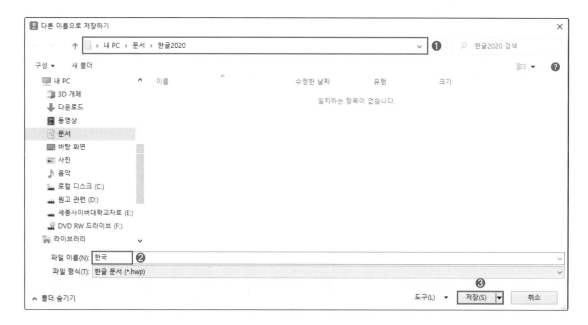

tip 한글에서 작성한 문서를 저장하면 뒷부분에 'hwp'라는 확장자가 붙어 저장됩니다. 예를 들어 '한국'으로 저장하면 '한국.hwp'로 저장이 이루어집니다. 따라서 확장자로 'hwp'라는 이름이 붙은 파일은 한글 파일임을 알려주게 됩니다.

3. 제목 표시줄에 문서가 저장된 폴더 경로와 파일 이름이 표시됩니다. 작성한 문서를 닫으려면 × (문서 닫기)를 클릭합니다.

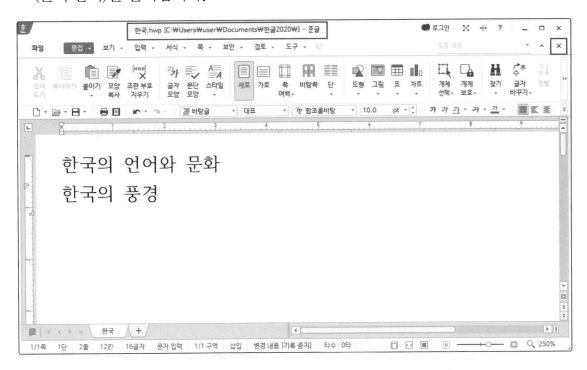

4. 저장되어 있는 문서를 화면에 불러 오려면 [파일] 메뉴를 클릭한 후 [불러오기]를 선택하거나, 서식 도구 상자에서 ▣ (불러오기)를 클릭합니다.

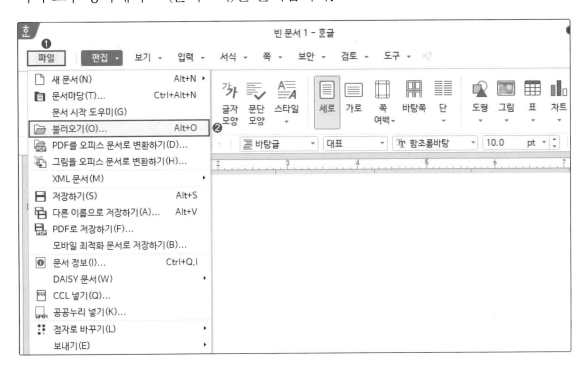

5. [불러오기] 대화상자가 나타나면 폴더를 'C:₩문서₩한글2020'으로 지정한 다음, '한국.hwp' 파일을 선택한 후 [열기]를 클릭합니다.

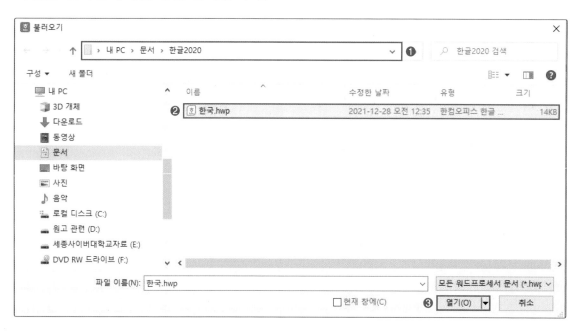

6. 다음과 같이 저장한 문서가 화면에 표시됩니다.

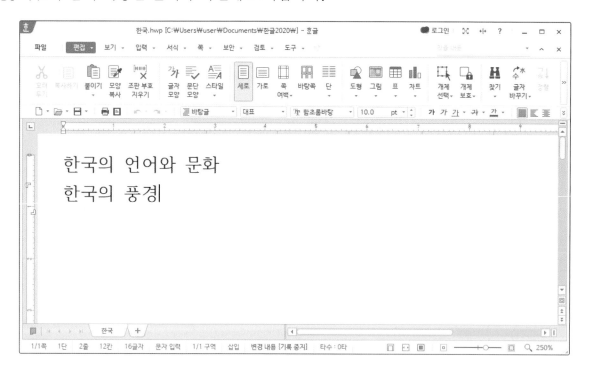

혼자 풀어보기

1 화면을 300%로 확대하고, 다음과 같이 내용을 입력해 보세요.

2 다음과 같이 내용을 수정하고 '대학.hwp'로 저장해 보세요.

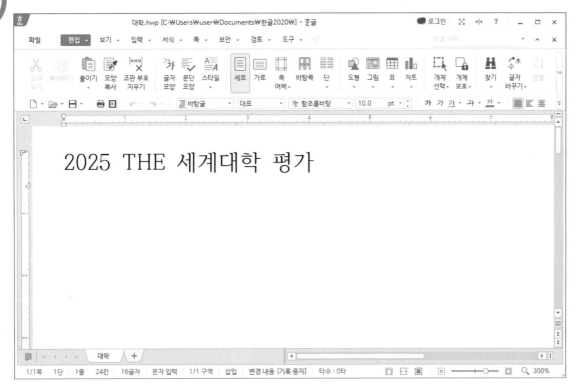

③ 다음과 같이 내용을 입력하고 '진달래꽃.hwp'으로 저장해 보세요.

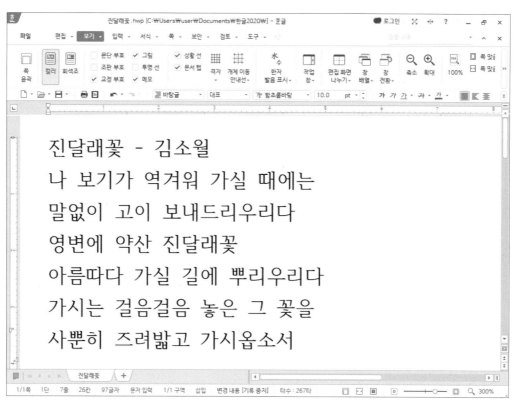

④ 문서 닫기를 한 다음 '대학.hwp' 파일을 불러오기 해보세요.

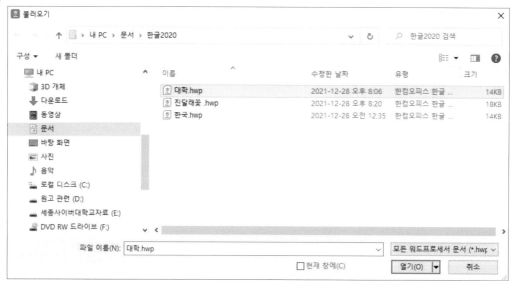

문서마당과 인쇄하기

한·글·2·0·2·0

한글에서 제공하는 문서마당 꾸러미에서 필요한 문서를 불러와 빠르게 멋진 문서를 작성하여
인쇄할 수 있습니다.

1 문서마당

1. 문서 마당을 이용하여 가훈을 만들어보기로 합니다. [파일] 메뉴를 클릭하여 [문서마당]을 클
릭합니다.

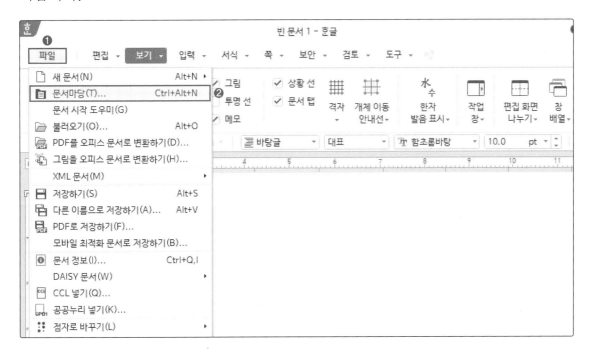

2. [문서마당] 대화상자가
나타나면 [문서마당 꾸
러미] 탭을 선택한 다음,
문서마당 목록에서 '가정
문서'를 클릭합니다.
이어서 서식 파일 목록
에서 '가훈2'을 클릭한 후
[열기]를 클릭합니다.

3. 다음과 같이 가훈 문서가 나타나면 '이곳에 가훈을 입력하세요.'를 클릭합니다.

4. 다음과 같이 가훈을 "웃자! 즐겁게 행복하게 신나게"로 입력합니다. 입력이 완료되면 서식 도구 모음에서 🔲(저장하기)를 클릭하여 '가훈.hwp'로 저장합니다.

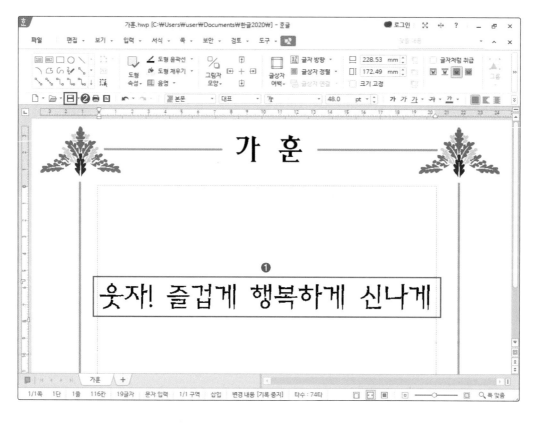

1. 가훈이 인쇄되는 모양을 미리 확인하기 위해 [파일] 메뉴를 클릭하여 [미리보기]를 클릭합니다.

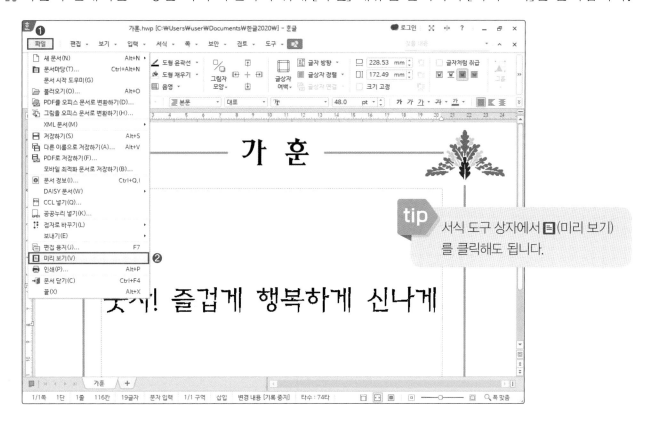

tip 서식 도구 상자에서 ▤(미리 보기)를 클릭해도 됩니다.

2. 작성한 문서가 인쇄되는 모양을 화면으로 확인할 수 있습니다. 종이로 인쇄하려면 [미리보기] 메뉴의 기본 도구 상자에서 [🖨 인쇄]를 클릭합니다.

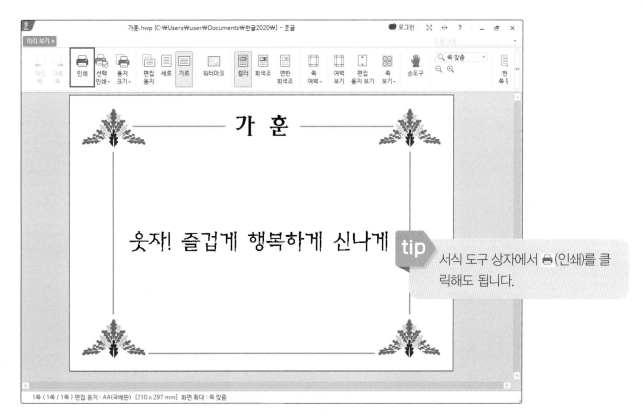

tip 서식 도구 상자에서 🖨(인쇄)를 클릭해도 됩니다.

3. [인쇄] 대화상자에서 인쇄 범위와 인쇄 매수를 지정하고 [인쇄]를 클릭합니다.

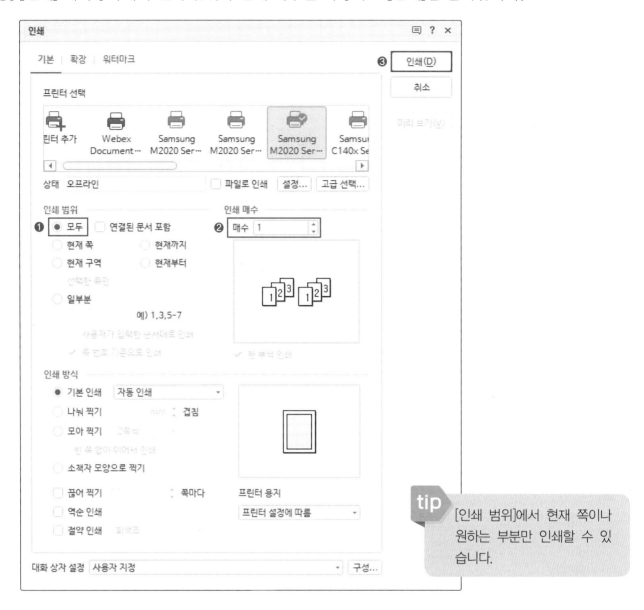

tip [인쇄 범위]에서 현재 쪽이나 원하는 부분만 인쇄할 수 있습니다.

tip **인쇄 범위**

- **모두** : 문서 전체를 인쇄합니다.
- **현재 쪽** : 현재 커서가 위치한 페이지만 인쇄합니다.
- **현재 구역** : 문서가 여러 개의 구역으로 구성되어 있을 때, 커서가 놓여 있는 위치의 구역만 인쇄합니다.
- **현재부터** : 커서가 놓여 있는 현재 페이지부터 문서 끝 페이지까지 인쇄합니다.
- **선택한 쪽만** : 문서에서 블록으로 설정된 부분이 속해 있는 페이지만 인쇄합니다.
- **일부분** : 인쇄 범위를 직접 입력하여 지정된 페이지만 인쇄합니다. 쉼표(,)로 인쇄할 페이지를 구분하여 입력합니다.

인쇄 매수

인쇄 매수는 1부터 1000까지 설정할 수 있습니다. 여러 매 인쇄를 할 때 한부씩 찍기를 선택하면 페이지 순서대로 지정한 매수만큼 인쇄합니다.

혼자 풀어보기

① 문서마당에서 'ㅇㅇ 산악회' 파일을 불러와 보세요.

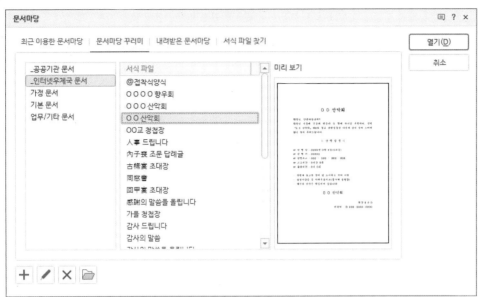

② 산악회 내용을 다음과 같이 수정하고 '산악회.hwp'로 저장해 보세요.

숲 산악회

회원님, 안녕하십니까?
회원님 가정에 건강과 행운이 늘 함께 하시길 기원하며, 금번
『숲 산악회』제5회 정규 산행일정을 다음과 같이 알려 드리며
많은 참여 부탁드립니다.

▷ 산 행 일 정 ◁

☞ 산 행 일 : 2025년 5월 1일(월요일)
☞ 산 행 지 : 북한산
☞ 산행코스 : 비봉탐방지원센터 - 금선사 - 비봉
☞ 소요시간 : 1시간
☞ 출발시간 : 07시 00분

- 산행에 필요한 장비 및 도시락은 각자 지참
- 출발시간은 꼭 지켜주십시오(정시에 출발함)
- 개인의 안전은 책임지지 않습니다.

숲 산악회

회장 김준오
연락처 : ☎ 010-1234-1234

3 문서 마당에서 업무/기타 문서의 '여름휴가안내문(회사)'를 선택하여 다음과 같이 문서를 작성하고, '여름휴가.hwp'로 저장해 보세요.

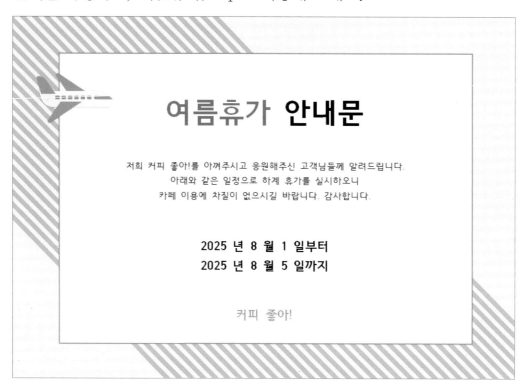

4 문서 마당에서 기본 문서의 '버킷리스트'를 선택하여 버킷리스트를 만들어 '버킷리스트.hwp'로 저장해 보세요.

한자와 특수 문자 입력하기

한·글·2·0·2·0

특정 단어를 한자 단어 사전을 이용하여 알맞은 한자로 바꿀 수 있으며, 한자를 빠르게 한글로 바꿀 수도 있습니다.

1 한글을 한자로 바꾸기

1. 'C:₩문서₩한글2020₩Section 04' 폴더에서 '건강수칙.hwp' 파일을 불러옵니다. '건강'이라는 단어를 한자로 바꾸고 싶으면 '건강' 뒤에 커서를 위치시킨 다음, 한자 를 누릅니다.

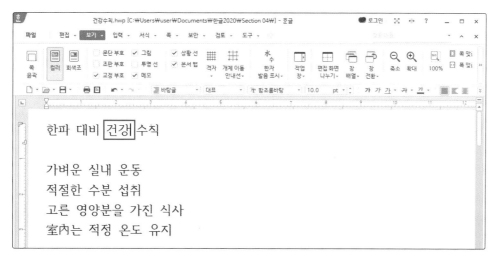

2. [한자로 바꾸기] 대화상자가 나타나면 '건강'에 맞는 한자를 선택하고, 입력 형식을 '한글(漢字)'로 선택한 후 [바꾸기]를 클릭합니다.

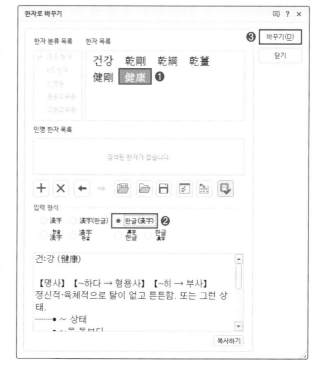

tip 한자를 표현하는 형식

• 漢字 : 단어를 한자로만 표시합니다.
• 漢字(한글) : 한자를 표시하고 괄호 안에 한글을 표시합니다.
• 한글(漢字) : 한글을 표시하고 괄호 안에 한자를 표시합니다.

3. 같은 방법으로 다음과 같이 한글을 한자로 바꿉니다. 이번에는 '室內'라는 한자를 한글로 바꾸어보기로 합니다. '室內' 뒤에 커서를 위치시킵니다.

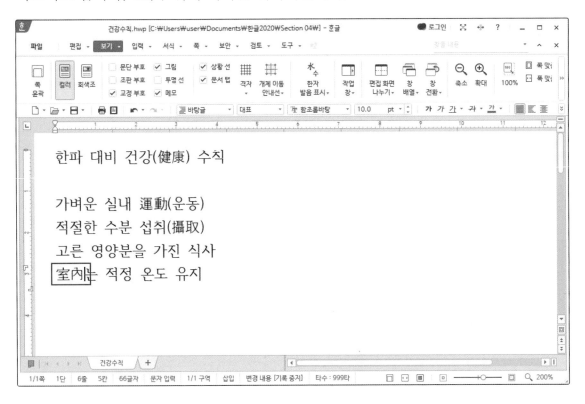

4. [한자] 를 누르면 커서 왼쪽에 있는 한자 '室內'가 한글로 바뀝니다.

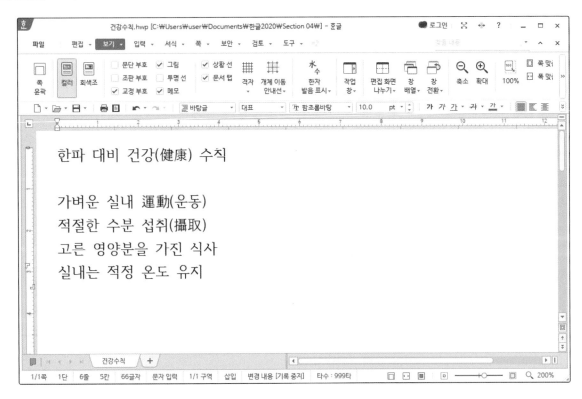

2 특수 문자 입력하기

1. 키보드에는 없는 특수 문자를 입력할 수도 있습니다. 제목 앞에 커서를 위치시킨 다음, [입력] 메뉴의 펼침(▼) 단추를 클릭하여 [문자표]를 선택합니다.

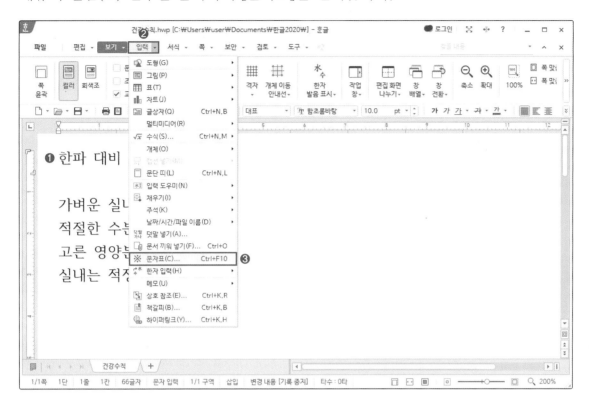

2. [문자표 입력] 대화상자의 [한글(HNC) 문자표] 탭에서 문자 영역을 '전각기호(일반)'으로 선택합니다. 삽입할 기호 문자로 '♣'를 선택한 다음, [넣기]를 클릭합니다.

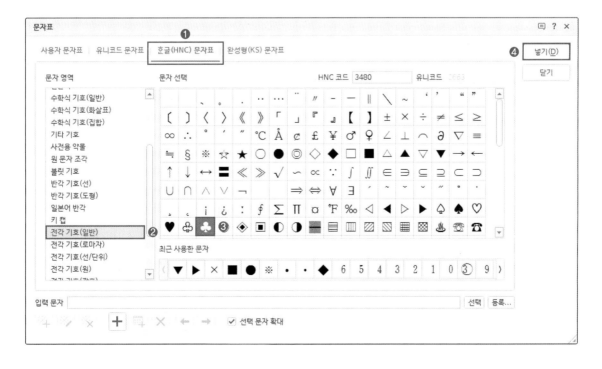

3. 이어서 제목 뒤에 커서를 위치시킨 다음, 같은 도형 문자를 빠르게 입력하기 위해 [입력] 메뉴의 기본 도구 상자에서 ※ (문자표)의 펼침(▼) 단추를 클릭합니다. 최근에 입력한 문자 목록에서 '♣'를 클릭합니다.

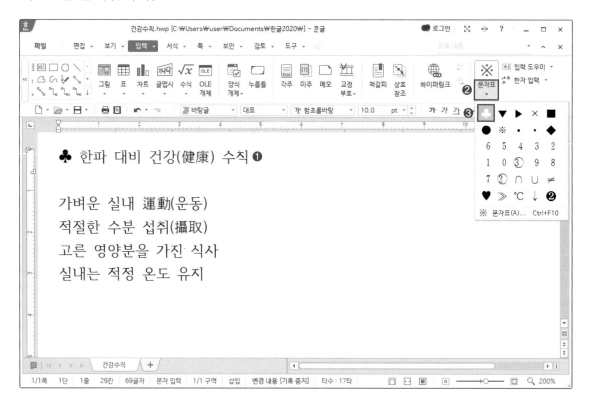

4. 위와 같은 방법으로 다음과 같이 각 문단 앞에 '√' 기호 문자를 삽입합니다.

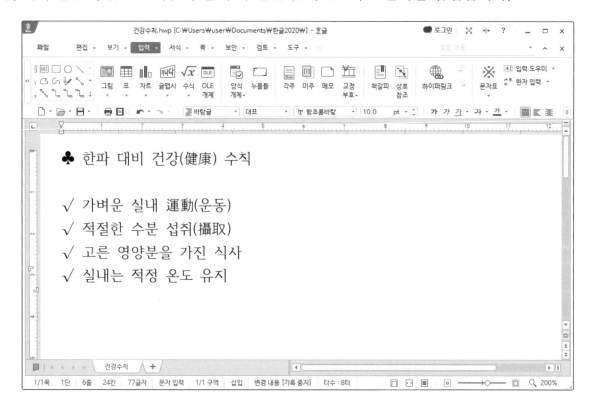

혼자 풀어보기

① 가족의 이름을 한자로 바꾸고 '가족이름.hwp'로 저장해 보세요.

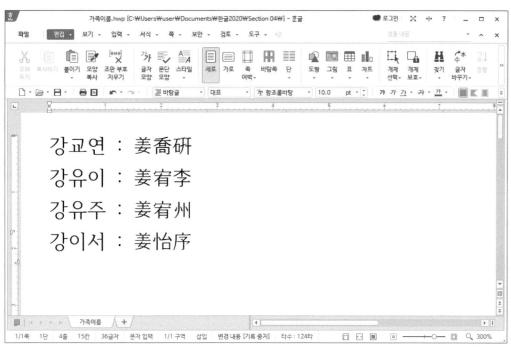

② 다음 내용을 입력한 후 입력 형식에 맞게 한자를 바꾸고, '문화유산.hwp'로 저장해 보세요.

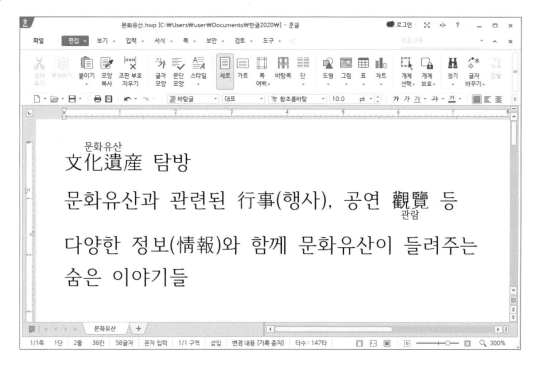

3 다음과 같이 내용을 입력하고 '한자성어.hwp'로 저장해 보세요.

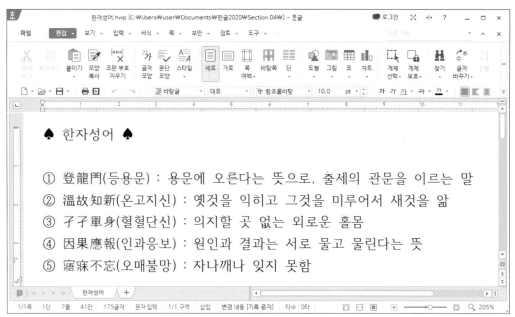

4 '훈민정음.hwp' 파일을 불러와 한자를 한글로 바꿔 보세요.

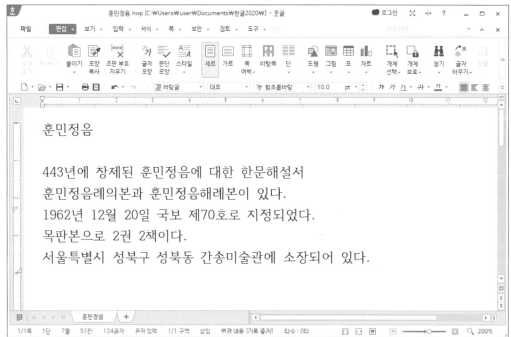

한·글·2·0·2·0

SECTION 05
블록 설정과 글자 모양 바꾸기

입력한 문서에서 원하는 부분의 글자 크기, 글자 모양, 글자 색 등에 대해 글꼴 서식을 설정하여 예쁘게 꾸밀 수 있습니다.

1 블록 설정하기

1. 'C:₩문서₩한글2020₩Section 05' 폴더에서 '태양에너지.hwp' 파일을 불러옵니다. 블록을 설정하고 싶은 줄의 앞 여백 부분을 클릭합니다. 그러면 해당 줄이 블록으로 다음과 같이 지정됩니다.

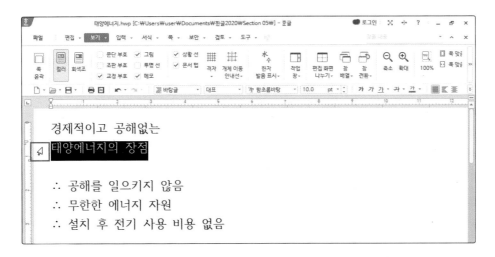

2. 편집 화면 아무 곳이나 클릭하면 블록이 해제됩니다. 마우스를 이용하면 좀 더 편리하게 블록을 설정할 수 있습니다. 다음과 같이 여러 줄을 블록 설정하고 싶으면 블록 시작 위치부터 끝나는 부분까지 드래그 합니다.

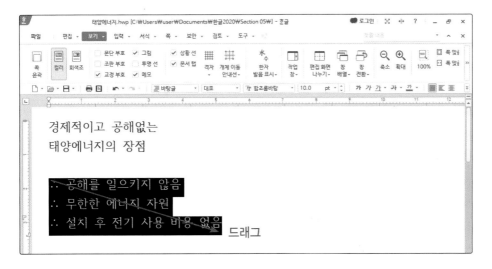

1. 문서 전체를 블록 설정하기 위해 [편집] 메뉴의 펼침(▼) 단추를 클릭하여 [모두 선택]을 클릭합니다.

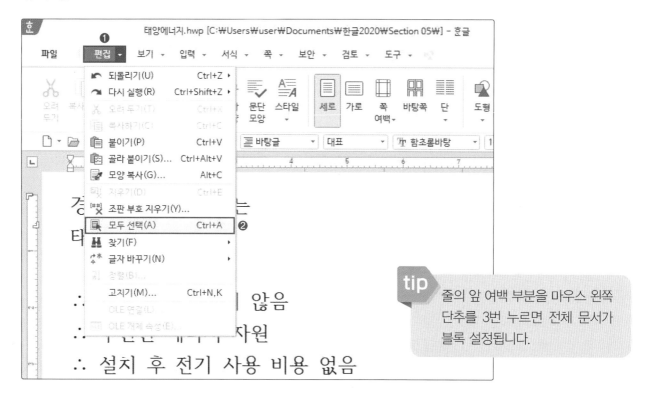

tip 줄의 앞 여백 부분을 마우스 왼쪽 단추를 3번 누르면 전체 문서가 블록 설정됩니다.

2. 서식 도구 상자에서 글꼴 펼침(▼) 단추를 클릭하여 '휴먼명조'를 선택한 다음, 글자 크기 란에 "15"를 입력하고 Enter 를 누릅니다. 그러면 전체 글자가 지정한 양식으로 변경됩니다.

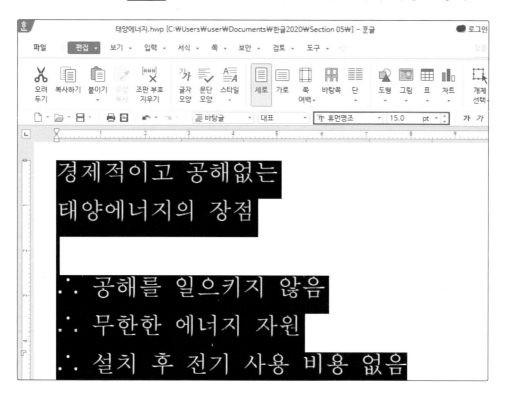

3. 제목 앞에 여백 부분을 클릭하여 제목을 블록 설정한 다음, [서식] 메뉴의 펼침(▼) 단추를 클릭하여 [글자 모양]을 선택합니다.

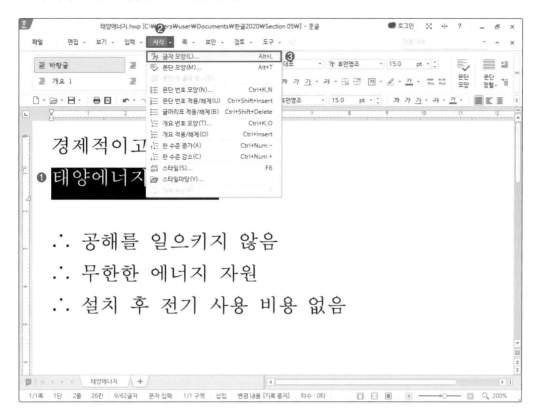

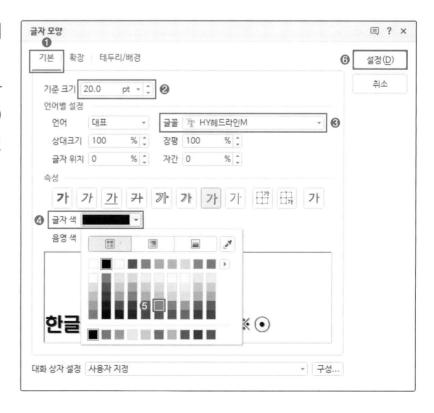

tip
블록 위에서 마우스 오른쪽 단추를 클릭하여 나타난 단축 메뉴에서 [글자 모양]을 선택해도 됩니다.

4. [글자 모양] 대화상자의 [기본] 탭에서 기준 크기는 "20pt", 글꼴은 'HY헤드라인M', 글자 색은 '주황(RGB: 255,132,58) 25% 어둡게'로 지정하고 [설정]을 클릭합니다.

5. '경제적'을 블록 설정한 다음, [서식] 메뉴의 펼침(▼) 단추를 클릭하여 [글자 모양]을 선택합니다. [글자 모양] 대화상자에서 글자 속성은 가(진하게), 가(기울임)을 클릭하고, 음영색은 '초록(RGB: 40,155,110) 40% 밝게'로 지정한 다음, [설정]을 클릭합니다.

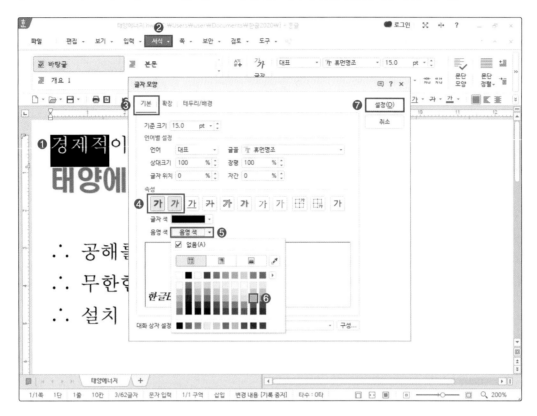

6. 같은 방법으로 다음과 같이 글꼴 서식을 설정하여 문서를 완성합니다.

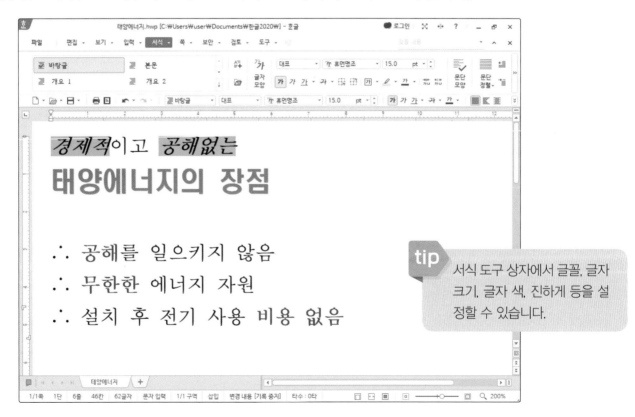

> **tip** 서식 도구 상자에서 글꼴, 글자 크기, 글자 색, 진하게 등을 설정할 수 있습니다.

① 다음과 같이 내용을 입력한 다음, 원하는 글꼴과 크기, 글자 색을 지정해 보세요.

운정호수공원

불꽃축제

2024. 12. 18. ~ 2025. 2. 6.

운정호수공원 일원

② 다음과 같이 속성(외곽선, 양각, 기울임, 진하게)을 설정하고 '축제.hwp'로 저장해 보세요.

운정호수공원

불꽃축제

2024. 12. 18. ~ 2025. 2. 6.

운정호수공원 일원

▲완성파일 : 축제_완성.hwp

'교육안내.hwp' 파일을 불러와 원하는 글꼴과 크기, 글자 색을 지정해 보세요.

【 2025년 새해농업인실용교육 안내 】

① 교육일시 : 2025. 1. 4.(화) 13:30 ~ 17:30
② 교육대상 : 경기도민
③ 교육방법 : 실시간 온라인 교육
④ 교육내용 : 쌈채 및 기능성 채소 재배기술
⑤ 신청방법 : 농업기술센터 교육운영실
※ 모집상황에 따라 신청인원이 변경 될 수 있습니다.

• 제목(굴림, 15pt, 초록), 본문(굴림, 14pt), 참고(굴림, 10pt, 빨강)

 다음과 같이 음영과 진하게 속성을 설정하여 문서를 완성해 보세요.

【 2025년 새해농업인실용교육 안내 】

① **교육일시** : 2025. 1. 4.(화) 13:30 ~ 17:30
② **교육대상** : 경기도민
③ **교육방법** : 실시간 온라인 교육
④ **교육내용** : 쌈채 및 기능성 채소 재배기술
⑤ **신청방법** : 농업기술센터 교육운영실
※ 모집상황에 따라 신청인원이 변경 될 수 있습니다.

▲완성파일 : 교육안내_완성.hwp

SECTION 06
문단 모양 설정하기

문서 내용을 입력하는 도중에 Enter 를 누르면 문단이 나누어집니다. 이때 문단에 대해서 왼쪽/오른쪽 여백, 들여쓰기/내어쓰기, 정렬 방식, 줄 간격 등을 설정할 수 있습니다.

1 문단 정렬하기

1. 'C:₩문서₩한글2020₩ Section 06' 폴더에서 '캠페인.hwp' 파일을 불러옵니다. 다음과 같이 블록을 설정한 다음, 서식 도구 상자에서 ▤(가운데 정렬)을 클릭합니다.

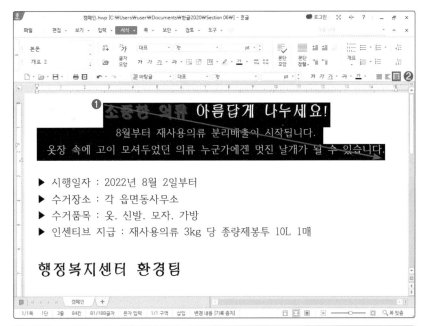

2. 블록으로 설정된 문단이 가운데로 정렬되었습니다. 이번에는 맨 아래 줄에 커서를 위치시킨 다음, [서식] 메뉴의 기본 도구 상자에서 [▤문단 정렬]을 클릭하여 [▥ 오른쪽 정렬]을 선택합니다. 그러면 해당 줄이 오른쪽으로 정렬됩니다.

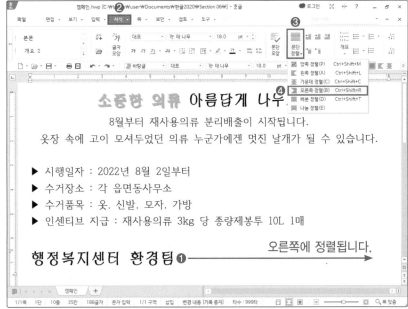

> **tip** 서식 도구 상자에서 ▥ 오른쪽 정렬을 클릭해도 됩니다.

1. 다음과 같이 문단을 블록 설정한 다음, [서식] 메뉴의 펼침(▼) 단추를 클릭하여 [문단 모양]을 선택합니다.

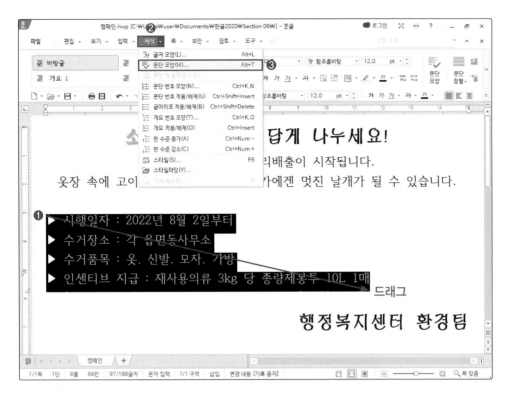

2. [문단 모양] 대화상자가 나타나면 왼쪽 여백은 "20pt", 줄 간격은 "175%"로 지정하고 [설정]을 클릭합니다.

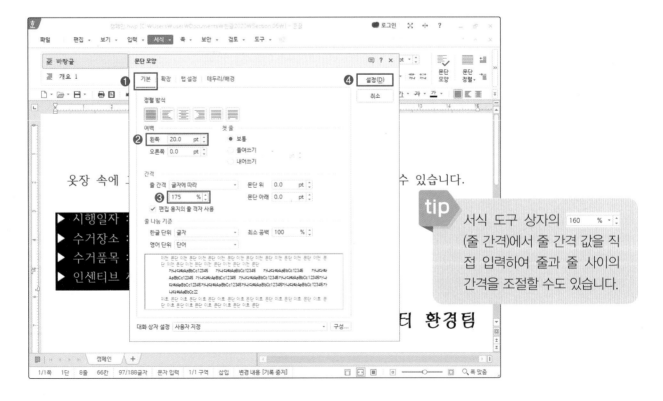

tip 서식 도구 상자의 160 % (줄 간격)에서 줄 간격 값을 직접 입력하여 줄과 줄 사이의 간격을 조절할 수도 있습니다.

혼자 풀어보기

1 다음과 같이 내용을 작성한 다음, 문단 서식을 정렬해 보세요.

3룸 빌라

1억 3000만

엘리베이터 있음 / 집 앞 버스 정류장

도보 10분 전통시장 / 고속도로 인접

☎ 010-1234-5678

• 정렬 : 가운데 정렬, 줄 간격 : 200%

▲완성파일 : 광고_완성.hwp

2 다음과 같이 내용을 입력한 다음, 글꼴 서식과 문단 서식을 설정해 보세요.

어버이날 시즌

아르바이트 모집

기간 : 5월 1일 ~ 5월 8일

문의 : 010-1234-5678

• 정렬 : 가운데 정렬, 왼쪽 여백(기간, 문의) : 65pt, 줄 간격 : 210%

▲완성파일 : 아르바이트_완성.hwp

'모집.hwp' 파일을 불러와 글꼴 서식을 설정하고, 가운데 정렬을 해보세요.

부천시 여성친화도시
주민참여단 모집

모두가 안전하고 행복한 여성친화도시를
주민과 함께 만들어가기 위하여
부천시 여성친화도시 주민참여단을 공개 모집합니다.

모집기간 : **2025. 7. 1(금) ~ 7. 14.(목)**
모집대상 : 부천시민(50명)

▲완성파일 : 모집안내_완성.hwp

 '청소안내.hwp' 파일을 불러와 줄 간격과 왼쪽 여백을 설정해 보세요.

상반기 물탱크 청소 안내

수도법 제33조 및 동법 시행규칙 제22조의 2항에 의거하
여 식수의 위생적인 공급을 위해 저수조 청소를 아래와 같
이 실시합니다.

- 아 래-
◎ 일정 : 2025년 5월 4일(수)
◎ 시간 : 08:00 ~ 17:00

※ 저수조 청소시 급수는 정상적으로 공급 될 예정이며, 청소 후 직수로
약간의 수돗물 냄새가 날수 있으나, 인체에는 무해하며, 일시적 현상임
을 알려드립니다.

로얄 아파트 관리사무소장

• 줄 간격 : 170%, 정렬 : 가운데 정렬, 왼쪽 여백(일정, 시간) : 105pt

▲완성파일 : 청소안내_완성.hwp

SECTION 07

찾기와 찾아 바꾸기

한·글·2·0·2·0

문서 내용에서 특정 단어를 찾거나 잘못 입력한 단어를 검색하여 한 번에 빠르게 바꿀 수 있습니다.

---

1 찾기

1. 'C:₩문서₩한글2020₩Section 07' 폴더에서 '국립공원.hwp' 파일을 불러옵니다. 입력된 내용에서 '공원'이라는 단어를 찾아보기 위해 [편집] 메뉴의 펼침(▼) 단추를 클릭하여 [찾기]-[찾기]를 클릭합니다.

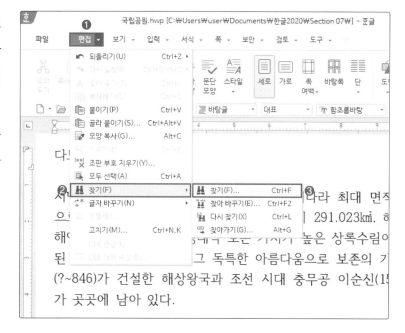

2. [찾기] 대화상자가 나타나면 찾을 내용에 "공원"을 입력하고, 찾을 방향을 '문서 전체'를 선택한 다음, [모두 찾기]를 클릭합니다. 그러면 다음과 같이 문서 전체에서 '공원'이라는 단어가 몇 번 나왔는지 표시해줍니다. [확인]을 클릭한 다음, 찾기를 종료하려면 [닫기]를 클릭합니다.

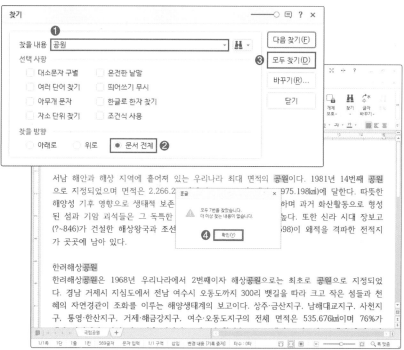

2 찾아 바꾸기

1. 특정 단어를 원하는 단어로 바꾸고 싶으면 [편집] 메뉴의 펼침(▼) 단추를 클릭하여 [찾기]−[찾아 바꾸기]를 클릭합니다.

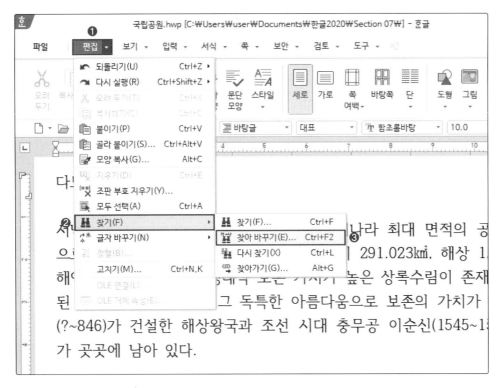

2. [찾아 바꾸기] 대화상자에서 찾을 내용에 "공원", 바꿀 내용에 "국립공원"을 입력합니다. 찾을 방향을 '문서 전체'를 선택하고 [모두 바꾸기]를 클릭합니다. 그러면 문서에서 '공원'이 모두 '국립공원'으로 바뀐 것을 확인할 수 있습니다.

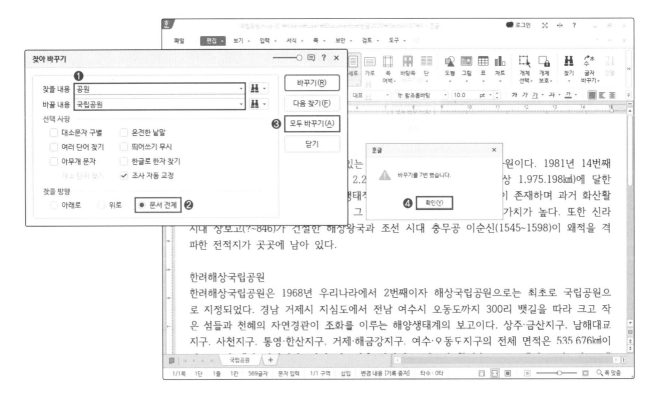

혼자 풀어보기

① 다음과 같이 내용을 입력하고 '윈도' 단어를 찾아보세요.

> 윈도
>
> 윈도는 마이크로소프트에서 개발한 컴퓨터 운영체제다. 키보드로 문자를 일일이 입력해 작업을 수행하는 명령어 대신, 마우스로 아이콘 및 메뉴 등을 클릭해 명령하는 그래픽 사용자 인터페이스를 지원해 다중 작업 능력과 사용자 편의성이 좋다.

② '윈도'를 '윈도우'로 모두 바꿔보세요.

> 윈도우
>
> 윈도우는 마이크로소프트에서 개발한 컴퓨터 운영체제다. 키보드로 문자를 일일이 입력해 작업을 수행하는 명령어 대신, 마우스로 아이콘 및 메뉴 등을 클릭해 명령하는 그래픽 사용자 인터페이스를 지원해 다중 작업 능력과 사용자 편의성이 좋다.

▲완성파일 : 윈도우_완성.hwp

'NGO.hwp' 파일을 불러와 'NGO' 단어를 찾아보세요.

국제 NGO

아시아NGO는 좋은 정부, 책임 있는 기업, 건강한 시민사회의 소통을 돕고, 평화로운 지구마을의 징검다리가 되고자 합니다.아시아NGO는 2003년 2월 4일에 한국의 여성연합, 여성민우회, 여성의전화, 녹색연합, 환경연합, 아름다운재단, YMCA 등 여러 시민사회단체들이 필리핀에 공동 설립한 아시아NGO센터로 출발하여 2008년 한국에 사무실을 열면서 '아시아NGO'란 이름으로 개칭하였습니다. 아시아NGO는 독립적인 국제NGO기구로서 국제개발협력, 공적개발원조(ODA), 공정무역, 참여예산 주민자치에 대한 다양한 정보와 교류를 통해 지구촌 시민의식을 높이는데 많은 공헌을 해오고 있습니다.

 '아시아NGO' 단어를 찾아 '아시안브릿지'로 모두 바꾸기 해보세요.

국제 NGO

아시안브릿지는 좋은 정부, 책임 있는 기업, 건강한 시민사회의 소통을 돕고, 평화로운 지구마을의 징검다리가 되고자 합니다.아시안브릿지는 2003년 2월 4일에 한국의 여성연합, 여성민우회, 여성의전화, 녹색연합, 환경연합, 아름다운재단, YMCA 등 여러 시민사회단체들이 필리핀에 공동 설립한 아시안브릿지센터로 출발하여 2008년 한국에 사무실을 열면서 '아시안브릿지'란 이름으로 개칭하였습니다. 아시안브릿지는 독립적인 국제NGO기구로서 국제개발협력, 공적개발원조(ODA), 공정무역, 참여예산 주민자치에 대한 다양한 정보와 교류를 통해 지구촌 시민의식을 높이는데 많은 공헌을 해오고 있습니다.

▲완성파일 : NGO_완성.hwp

이동하기와 복사하기

작성한 문서에서 반복되는 내용을 복사하여 빠르게 입력하는 방법과 특정 문서의 위치를 다른 곳으로 이동시키는 방법에 대해 알아봅니다. 모양 복사 기능을 이용하면 글꼴 서식이나 문단 서식을 빠르게 적용할 수도 있습니다.

1 이동하기

1. 'C:\문서\한글2020' 에서 '초혼.hwp' 파일을 불러온 다음, 맨 아랫줄의 내용을 제목 바로 밑으로 이동시키기로 합니다. 이동시킬 내용을 블록 설정한 다음, [편집]-[오려 두기]를 클릭합니다.

2. 그러면 블록 지정한 내용이 잘려지면서 임시 저장소에 보관됩니다. 잘려진 내용을 이동시키기 위해 문서 제목 아래 커서를 위치시킨 다음, [편집]-[붙이기]를 클릭합니다.

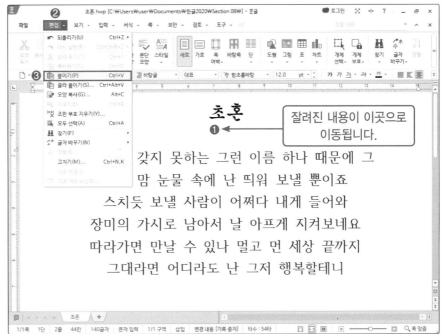

1. 다음과 같이 복사할 내용을 블록 설정한 다음, [편집]-[복사하기]를 클릭합니다.

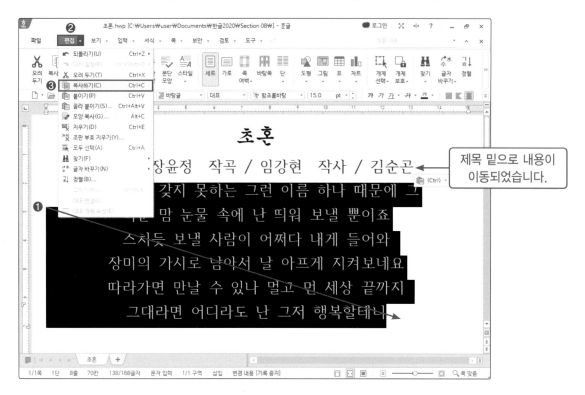

2. 복사한 내용을 붙이고 싶은 곳에 커서를 위치시킨 다음, [편집]-[붙이기]를 클릭합니다. 그러면 지정한 내용이 그대로 복사되어 나타납니다.

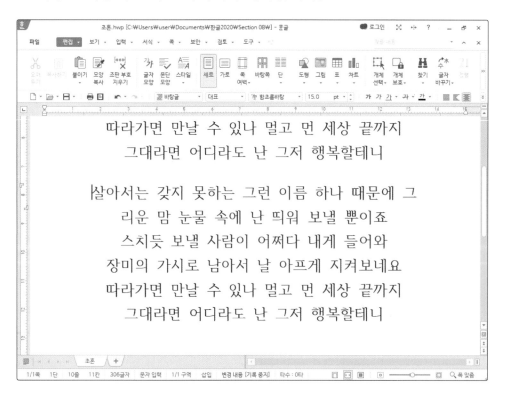

혼자 풀어보기

① 다음과 같이 애국가의 후렴 부분은 복사 기능을 이용하여 작성한 다음, '애국가.hwp'로 저장해 보세요.

애국가
작곡 : 안익태(安益泰)
1절 : 동해물과 백두산이 마르고 닳도록 하느님이 보우하사 우리나라 만세.
(후렴) 무궁화 삼천리 화려강산 대한 사람. 대한으로 길이 보전하세.

2절 : 남산 위에 저 소나무. 철갑을 두른 듯 바람서리 불변함은 우리 기상일세.
(후렴) 무궁화 삼천리 화려강산 대한 사람. 대한으로 길이 보전하세.

3절 : 가을 하늘 공활한데 높고 구름 없이 밝은 달은 우리 가슴 일편단심일세.
(후렴) 무궁화 삼천리 화려강산 대한 사람. 대한으로 길이 보전하세.

4절 : 이 기상과 이 맘으로 충성을 다하여 괴로우나 즐거우나 나라 사랑하세.
(후렴) 무궁화 삼천리 화려강산 대한 사람. 대한으로 길이 보전하세.

▲완성파일 : 애국가_완성.hwp

② 복사 기능을 이용하여 다음과 같이 노래 가사를 입력하고 저장해 보세요.

봉숭아연정 - 현철

손대면 톡 하고 터질것만 같은그대 봉선화라 부르리
더이상 참지못할 그리움을 가슴깊이 물들이고
수줍은 너의 고백에 내가슴이 뜨거워
터지는 화산처럼 막을수없는 봉선화연정

손대면 톡 하고 터질것만같은그대 봉선화라 부르리
더이상 참지못할 외로운에 젖은가슴 태우네
울면서 혼자울면서 사랑한다 말해도
무정한 너는너를 알지못하네

봉선화연정 봉선화연정

▲완성파일 : 봉숭아연정_완성.hwp

'운동가이드.hwp' 파일을 불러와 오려두기와 붙이기를 이용하여 다음과 같이 편집해 보세요.

체중을 감량 하고 싶은 성인을 위한

운동가이드

1) 운동 종류
운동 프로그램의 일부분으로 근력운동도 포함되는 것이 좋지만 체중감소를 위해 가장 권고되는 운동종류는 대근육군을 사용하는 유산소 운동입니다.

2) 운동 시간
- 1회에 최소 20분 이상 실천하는 것이 지방감소를 위해 좋습니다.
- 하루에 30~60분, 주당 총 150분 유산소 운동을 실시하는 것을 권장합니다.
- 150분의 고강도 유산소 운동을 목표로 점차 양을 늘려갑니다.
- 매일 60~90분 이상 실시하는 것이 좋습니다.

▲완성파일 : 운동가이드_완성.hwp

 '건강정보.hwp' 파일을 불러와 오려두기와 붙이기를 이용하여 다음과 같이 편집해 보세요.

포도당과 당화혈색소

◆ 당화혈색소
혈액의 적혈구를 구성하는 혈색소에 포도당이 붙어 있는 상태를 말합니다. 최근 2~3개월 동안의 평균 혈당을 보여 주는 혈당 조절 지표로서 당뇨병 관리에 중요한 역할을 하고 있습니다.

◆ 포도당
탄수화물의 가장 작은 형태로 우리 몸에서 반드시 필요한 에너지원입니다. 밥, 빵이나 국수 같은 밀가루 음식, 감자, 설탕 등을 통해 섭취되며, 소장에서 혈액 속으로 흡수됩니다. 혈액 속의 포도당은 인슐린에 의해 에너지원으로 이용되거나, 간과 근육, 지방조직 등에 저장됩니다.

▲완성파일 : 건강정보_완성.hwp

표 삽입과 편집하기

표를 이용하면 복잡한 내용이나 수치 자료를 일목요연하게 정리할 수 있으며, 표의 채우기 색이나, 테두리 등을 설정하여 이쁘게 만들 수도 있습니다.

1 표 삽입하기

1. 'C:\문서\한글2020\Section 09'에서 '적십자.hwp' 파일을 불러옵니다. 표를 삽입하기 위해 문서의 맨 아래 줄로 커서를 이동시킨 다음, [입력] 메뉴의 펼침(▼) 단추를 클릭하여 [표]-[표 만들기]를 클릭합니다.

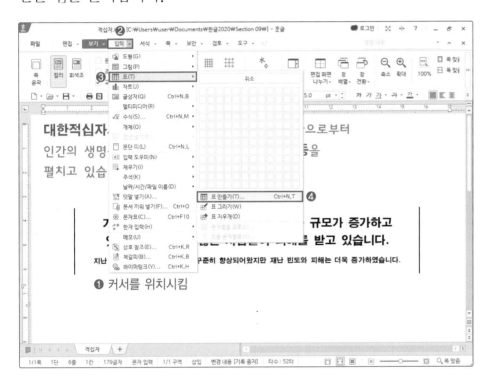

2. [표 만들기] 대화상자에서 줄 개수는 "2", 칸 개수는 "6"을 입력하고, '글자처럼 취급'을 클릭하여 체크 표시를 한 후 [만들기]를 클릭합니다.

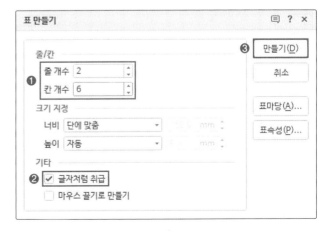

1. 만들어진 표에 줄을 추가하려면 첫 번째 칸에 커서를 위치시키고 ▦(표 레이아웃) 메뉴의 펼침(▼) 단추를 클릭하여 [줄/칸 추가하기]를 클릭합니다.

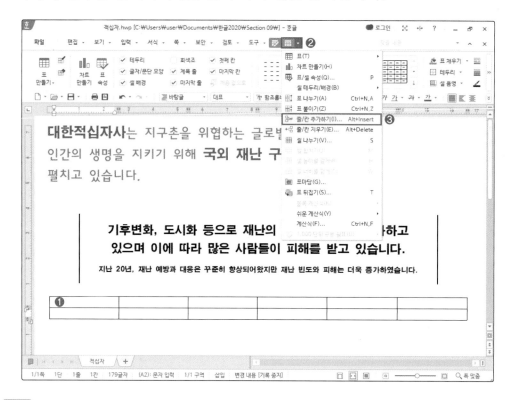

tip 마우스 오른쪽 단추를 클릭하여 나타난 단축 메뉴에서 [줄/칸 추가하기]를 클릭해도 됩니다.

2. [줄/칸 추가하기] 대화상자에서 ▦(아래쪽에 줄 추가하기)를 선택하고, 줄/칸 수를 "1"을 입력한 다음 [추가]를 클릭합니다.

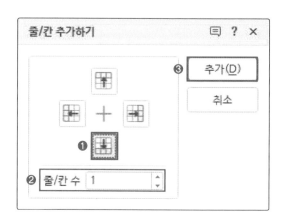

tip [줄/칸 추가하기] 대화상자에서는 원하는 방향으로 지정한 개수 만큼 줄이나 칸을 추가할 수 있습니다.

3. 줄이 하나 추가된 것을 확인할 수 있습니다. 이번에는 칸을 지우기 위해 첫 번째 칸에 커서를 위치시키고 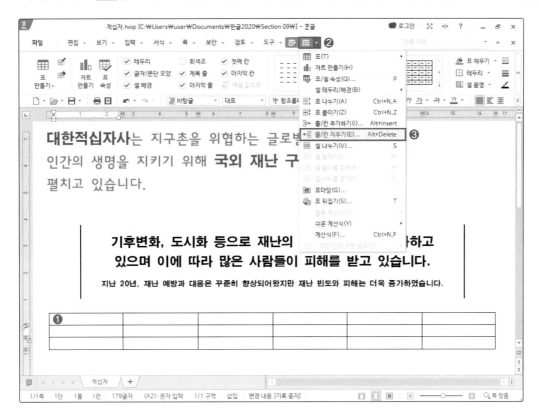(표 레이아웃) 메뉴의 펼침(▼) 단추를 클릭하여 [줄/칸 지우기]를 클릭합니다.

4. [줄/칸 지우기] 대화상자에서 ▨(칸)을 선택하고 [지우기]를 클릭합니다.

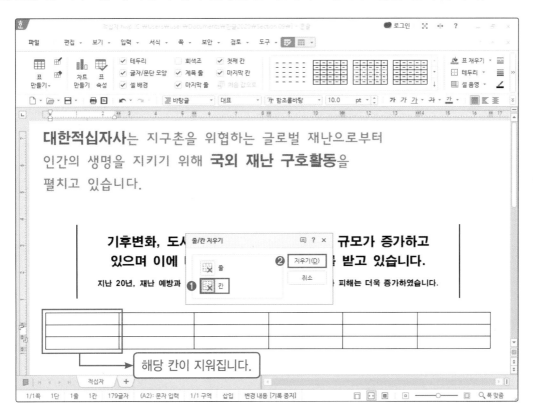

5. 다시 하나의 줄을 추가해 3개의 줄을 만든 다음, 표에 다음과 같이 내용을 입력합니다.

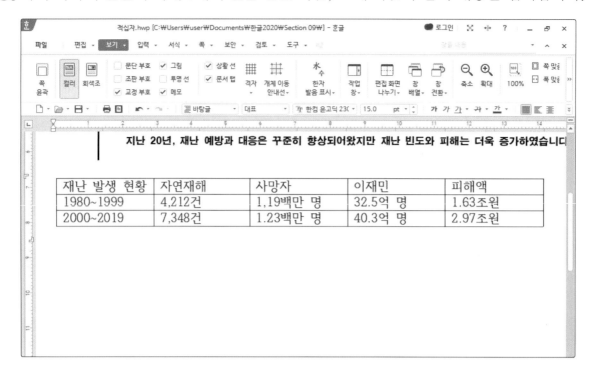

6. 표 전체를 마우스로 드래그하여 셀 블록을 설정한 후 `Ctrl`을 누른 상태로 방향키(↑, ↓, ←, →)를 눌러 셀 크기를 조절하고, 서식 도구 모음에서 글자 크기는 '12pt', 정렬은 ≡(가운데 정렬)을 클릭합니다.

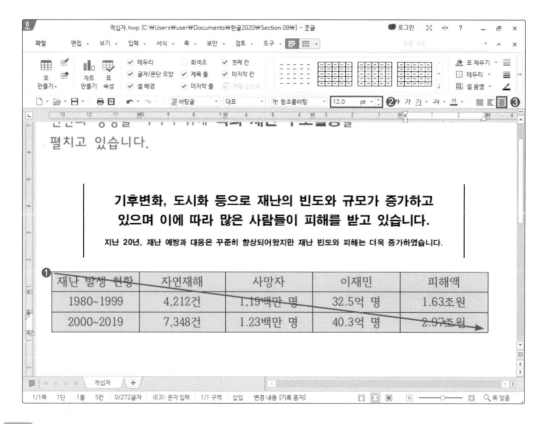

tip 셀 블록을 설정한 다음 `Ctrl`+↑, ↓, ←, →를 누르면 셀의 너비나 높이를 조절할 수 있습니다.

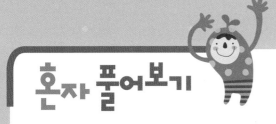

혼자 풀어보기

1 다음과 같이 표를 작성하여 '운영실적.hwp'로 저장해 보세요.

해외안전여행콜센터 운영실적

※ 신속해외송금 지원 현황

연도	2021년	2022년	2023년
송금 건수	1,058	898	867

2 줄을 추가하여 다음과 같이 표를 완성해 보세요.

해외안전여행콜센터 운영실적

※ 신속해외송금 지원 현황

연도	2021년	2022년	2023년
송금 건수	1,058	898	867
송금액(백만원)	1,980	1,810	1,914

▲완성파일 : 운영실적_완성.hwp

③ 다음과 같이 표를 작성하여 '학생현황.hwp'로 저장해 보세요.

산학일체형도제학교 참여 학생 현황

구분	서울	대전	부산	경기	기타
2020년	968	204	298	1,184	2,184
2021년	2,007	873	977	1,531	1,721
2022년	4,963	2,639	3,308	3,954	2,916
2023년	8,926	4,320	5,347	4,695	3,301
2024년	5,368	2,354	4,876	3,654	2,985

④ 작성한 표에 2020년 줄과 기타 열을 삭제하고, 다음과 같이 표 크기를 조절해 보세요.

산학일체형도제학교 참여 학생 현황

구분	서울	대전	부산	경기
2021년	2,007	873	977	1,531
2022년	4,963	2,639	3,308	3,954
2023년	8,926	4,320	5,347	4,695
2024년	5,368	2,354	4,876	3,654

▲완성파일 : 학생현황_완성.hwp

셀 서식으로 표 꾸미고, 표 계산하기

표의 채우기 색이나, 테두리 등을 설정하여 멋있게 꾸밀 수 있으며, 간단하게 합계나 평균값을 계산할 수 있습니다.

1 셀 서식 설정하기

1. 'C:₩문서₩한글2020₩Section 10'에서 '여행정산.hwp' 파일을 불러옵니다. 셀 전체를 블록 설정한 다음, (표 레이아웃) 메뉴의 펼침(▼) 단추를 클릭하여 [셀 테두리/배경]-[각 셀마다 적용]을 클릭합니다.

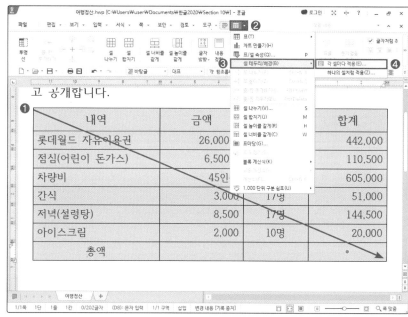

2. [셀 테두리/배경] 대화상자의 [테두리] 탭에서 테두리 굵기를 '0.4mm'으로 지정하고, ⊞(바깥쪽)을 클릭한 후 [설정]을 클릭합니다.

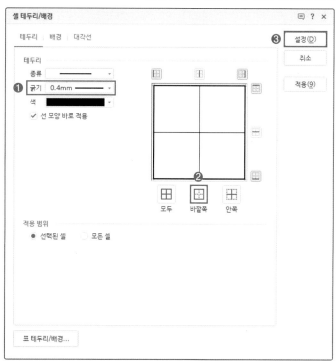

3. 첫 번째 셀 전체를 블록 설정한 다음, 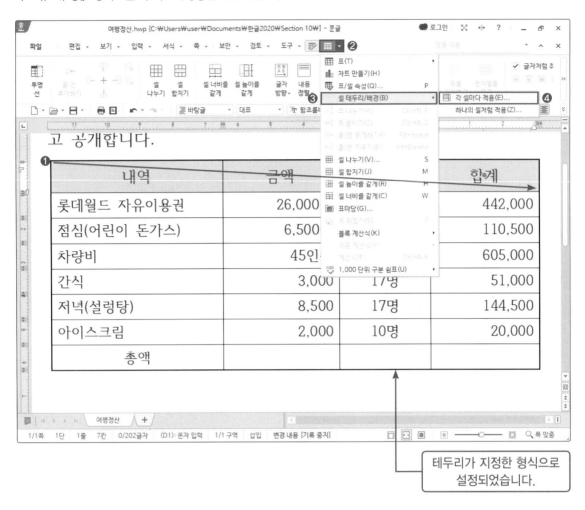(표 레이아웃) 메뉴의 펼침(▼) 단추를 클릭하여 [셀 테두리/배경]-[각 셀마다 적용]을 클릭합니다.

테두리가 지정한 형식으로 설정되었습니다.

4. [셀 테두리/배경] 대화상자의 [테두리] 탭에서 테두리 종류의 펼침(▼) 단추를 클릭하여 '이중 실선'을 선택하고 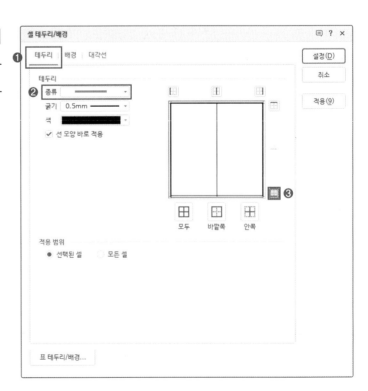(아래쪽 테두리)를 클릭합니다.

5. 면 색을 설정하기 위해 [배경] 탭을 클릭한 다음, '색'을 선택합니다. 면 색의 펼침(▼) 단추를 클릭하여 원하는 색을 선택한 후 [설정]을 클릭합니다.

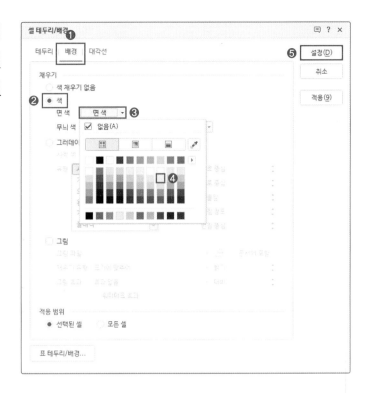

6. 대각선을 표시하기 위해 다음과 같이 셀 블록을 설정한 다음, ⊞(표 레이아웃) 메뉴의 펼침(▼) 단추를 클릭하여 [셀 테두리/배경]–[각 셀마다 적용]을 클릭합니다. [셀 테두리/배경] 대화상자의 [대각선] 탭에서 ◨, ◪을 선택한 다음, [설정]을 클릭합니다.

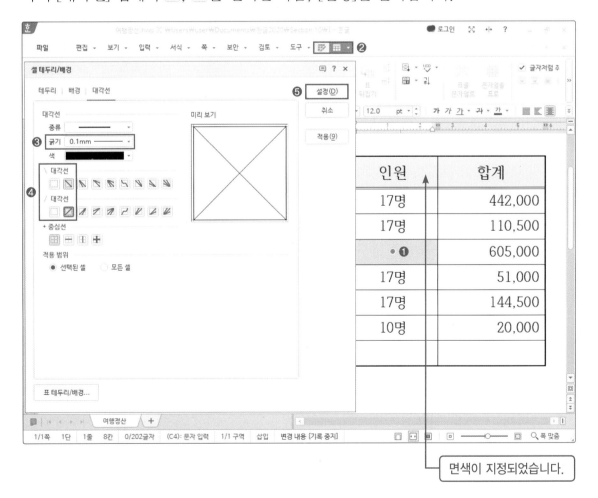

2 블록 합계로 계산하기

1. 여러 셀을 하나로 합치기 위해 다음과 같이 셀 블록을 설정합니다. ▦(표 레이아웃) 메뉴의 펼침(▼) 단추를 클릭하여 [셀 합치기]를 선택합니다.

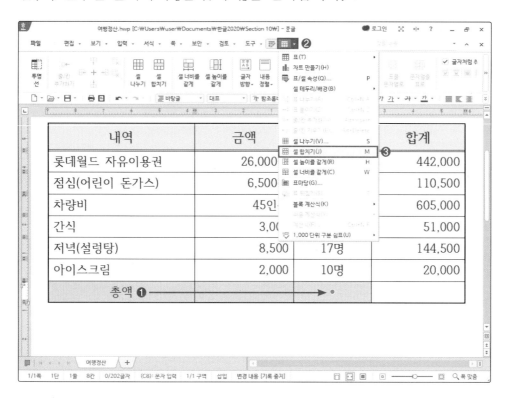

2. 합계를 계산하기 위해 다음과 같이 셀 블록을 설정한 다음 ▦(표 레이아웃) 메뉴의 펼침(▼) 단추를 클릭하여 [블록 계산식]–[블록 합계]를 클릭하여 총액을 계산합니다.

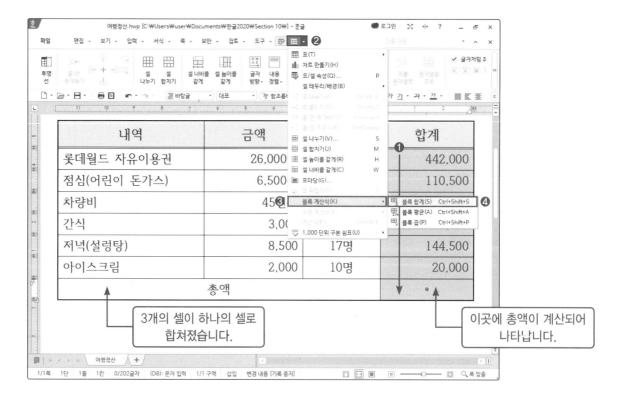

3개의 셀이 하나의 셀로 합쳐졌습니다.

이곳에 총액이 계산되어 나타납니다.

혼자 풀어보기

1 다음과 같이 표를 작성하고, 합계를 구하여 '찬조내역.hwp'로 저장해 보세요.

그린 산악회 찬조내역

찬조자	내용	금액
김호렬	2월 모임 참석	100,000
반영웅	3월 모임 참석	150,000
김태호	모친상 답례	200,000
김재욱	10월 야유회	300,000
합계		750,000

2 다음과 같이 셀 테두리와 배경을 설정해 보세요.

그린 산악회 찬조내역

찬조자	내용	금액
김호렬	2월 모임 참석	100,000
반영웅	3월 모임 참석	150,000
김태호	모친상 답례	200,000
김재욱	10월 야유회	300,000
합계		750,000

▲완성파일 : 찬조내역_완성.hwp

다음과 같이 표를 작성하고 합계를 구해보세요.

2025년 06월 체력 헬스장 관리비 내역			
내용	전월 사용량	금월 사용량	금액
월세			2,5000,000
관리비			450,800
수도요금			530,000
전기요금	1,200kwh	1,250kwh	881,410
주차료	250톤	290톤	250,000
합계			27,112,210
입금 계좌번호 : KS 은행 123-45-5678-912			

 표의 테두리를 굵게 설정하고, 이중 실선과 배경색을 설정해서 표를 완성해 보세요.

2025년 06월 체력 헬스장 관리비 내역			
내용	전월 사용량	금월 사용량	금액
월세			2,5000,000
관리비			450,800
수도요금			530,000
전기요금	1,200kwh	1,250kwh	881,410
주차료	250톤	290톤	250,000
합계			27,112,210
입금 계좌번호 : KS 은행 123-45-5678-912			

▲완성파일 : 관리비_완성.hwp

차트 삽입하기

차트 기능을 이용하면 숫자 자료의 변화를 한눈에 알아보기 쉽게 차트로 만들 수 있습니다.
여기에서는 원하는 차트를 만든 다음, 다양하게 편집하고 응용하는 방법에 대해 배워봅니다.

1 차트 삽입하기

1. 'C:₩문서₩한글2020₩Section 11'에서 '타이어판매현황.hwp' 파일을 불러옵니다. 셀 전체를
블록 설정한 다음, [입력] 메뉴의 펼침(▼) 단추를 클릭하여 [차트]-■■(묶은 세로 막대형)을 선
택합니다.

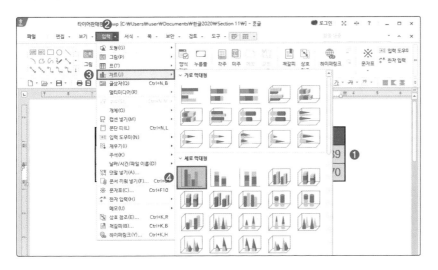

2. [차트 데이터 편집] 대화상자가 나타나면 ✕ (닫기)를 클릭하여 창을 닫습니다.

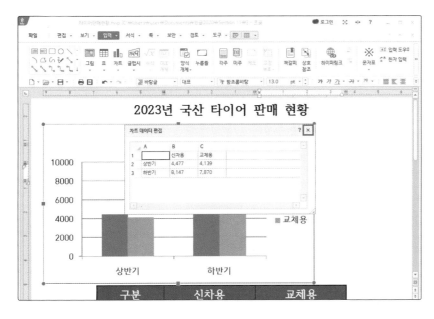

3. 다음과 같이 묶은 세로 막대형 차트가 표 위에 삽입됩니다. 차트의 위치를 변경하기 위해 차트 영역에서 마우스 오른쪽 단추를 클릭하여 [배치]-[글자처럼 취급]을 선택합니다.

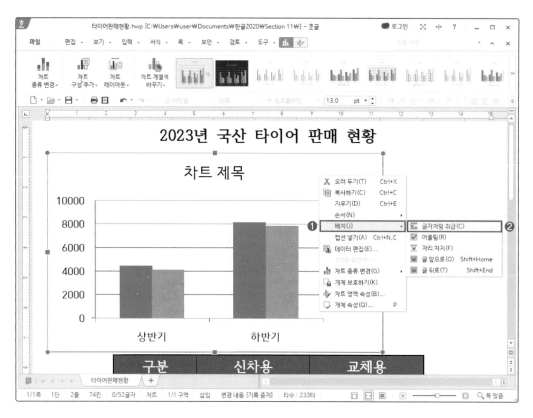

4. 차트가 표 아래로 이동하면 크기 조절 핸들을 이용하여 크기를 조절합니다.

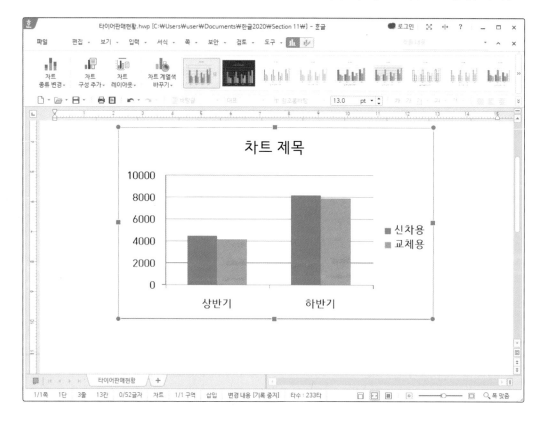

2 차트 서식 설정하기

1. 차트 제목을 변경하려면 차트 제목 영역을 선택한 다음, 마우스 오른쪽 단추를 클릭하여 나타난 단축 메뉴에서 [제목 편집]을 클릭합니다.

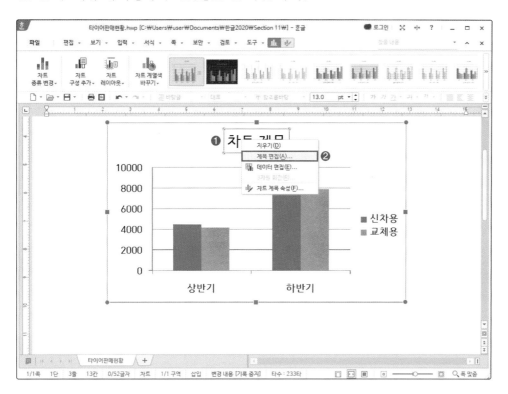

2. [차트 글자 모양] 대화상자에서 차트 제목을 입력하고 한글 글꼴은 '굴림', 속성은 ☑(진하게), 크기는 '14pt'로 설정한 후 [설정]을 클릭합니다.

3. 차트 제목의 면색을 설정하기 위해 ⚒️(차트 서식) 메뉴를 클릭합니다. ✎(도형 윤곽선)을 클릭하여 '검정'을 삽입하고, 🎨(도형 채우기)를 클릭하여 '하양'을 선택합니다.

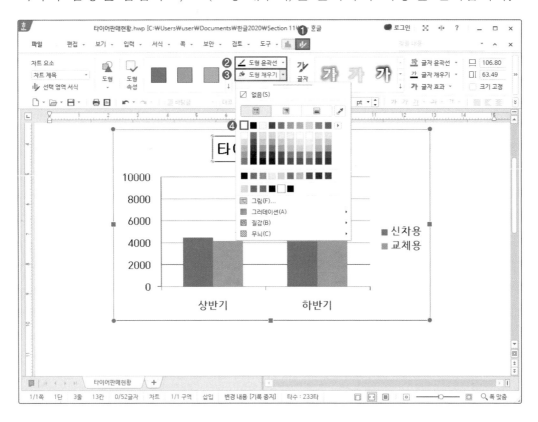

4. 차트 배경을 설정하기 위해 차트 영역을 선택한 다음, ⚒️(차트 서식) 메뉴를 클릭합니다. 🎨(도형 채우기)를 클릭하여 원하는 색을 선택합니다.

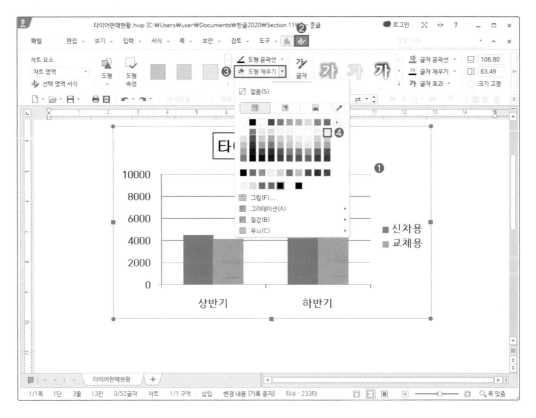

5. (차트 디자인) 탭을 클릭한 다음, (차트 계열색 바꾸기)를 클릭하여 '색 3'을 선택합니다.

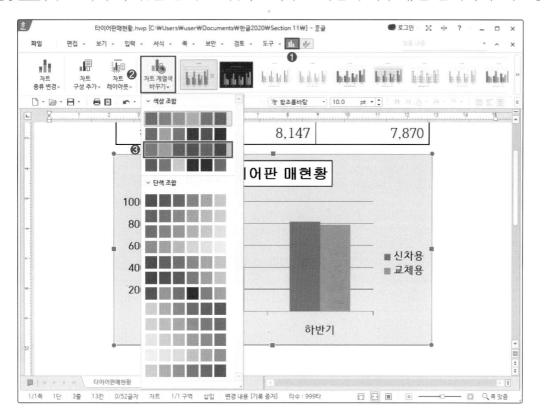

6. 가로 눈금선을 삭제하기 위해 (차트 구성 추가)를 클릭합니다. 이어서 [눈금선]-[기본 주 가로]를 클릭하여 체크 표시를 해제합니다.

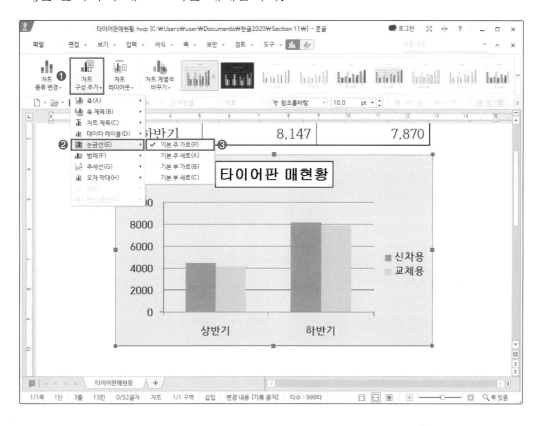

7. 세로 축 값을 바꾸기 위해 세로 축에서 마우스 오른쪽 단추를 클릭하여 [축 속성]을 선택합니다.

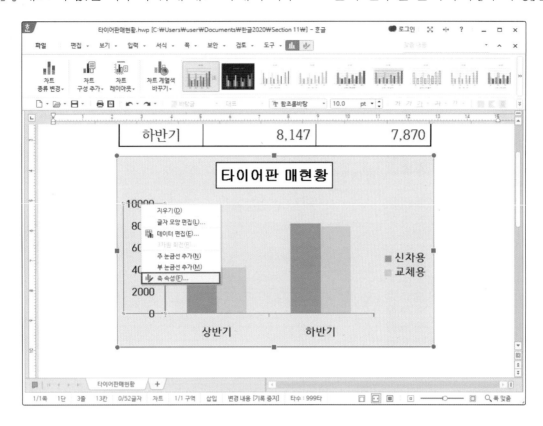

8. [개체 속성] 대화상자의 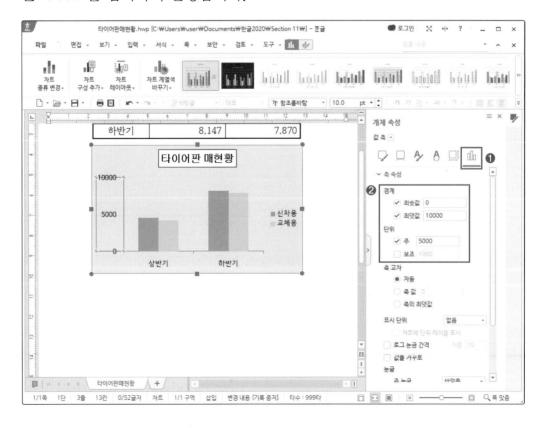(축 속성)을 선택한 다음, 최솟값은 "0", 최댓값은 "10000", 주 단위는 "5000"을 입력하여 완성합니다.

① 다음과 같이 표를 작성한 후 묶은 세로 막대형 차트를 삽입하고, '운영현황.hwp'로 저장해 보세요.

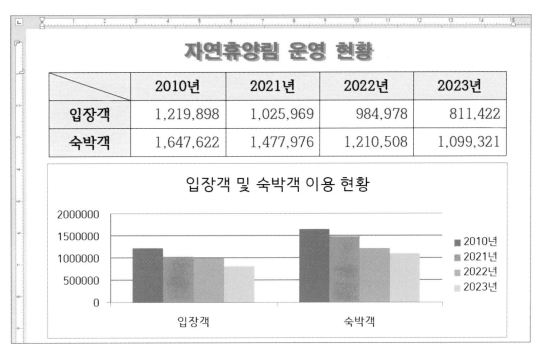

② 차트 계열색은 '색 4', 축 속성은 2500000까지 늘려서 설정해 보세요.

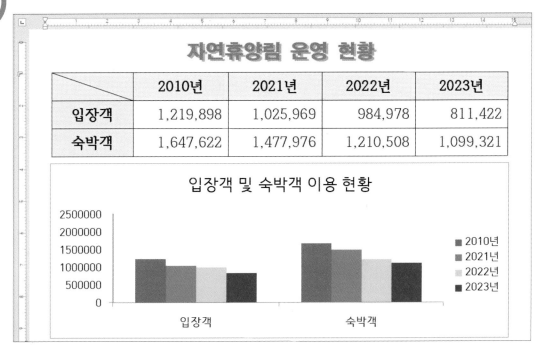

▲완성파일 : 운영현황_완성.hwp

③ 다음과 같이 표를 작성한 후 묶은 가로 막대형 차트를 삽입하고, '지원현황.hwp'로 저장해 보세요.

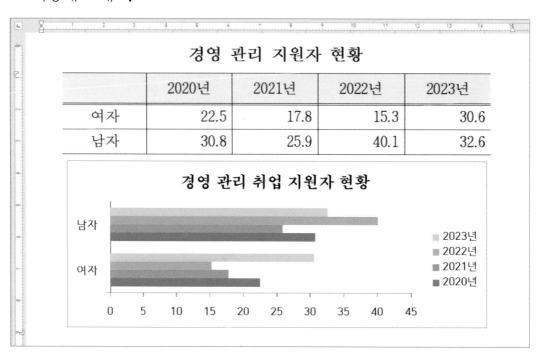

경영 관리 지원자 현황				
	2020년	2021년	2022년	2023년
여자	22.5	17.8	15.3	30.6
남자	30.8	25.9	40.1	32.6

④ 차트의 배경색과 차트 계열색을 설정해보고, 데이터 레이블을 표시해 보세요.

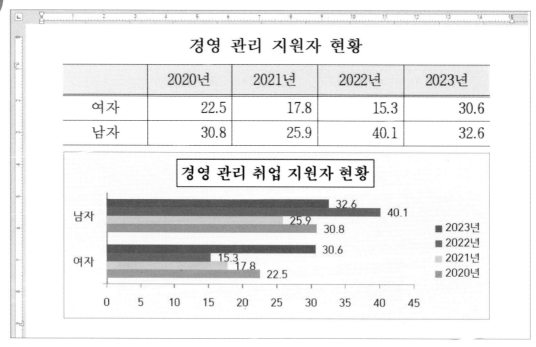

경영 관리 지원자 현황				
	2020년	2021년	2022년	2023년
여자	22.5	17.8	15.3	30.6
남자	30.8	25.9	40.1	32.6

▲완성파일 : 지원현황_완성.hwp

HINT 📊(차트 구성 추가)–[데이터 레이블]–[표시]를 클릭하여 데이터 레이블을 차트에 표시할 수 있습니다.

글맵시 삽입하기

한·글·2·0·2·0

글맵시 기능을 이용하면 글자를 구부리거나 글자에 외곽선, 면 채우기, 그림자, 회전 등의 효과를 주어 문서를 이쁘게 꾸밀 수 있습니다.

1 글맵시 삽입하기

1. 'C:₩문서₩한글2020₩ Section 12'에서 '워홀프렌 즈.hwp' 파일을 불러옵니다. 글맵시가 삽입될 위치에 커서를 놓고, [입력] 메뉴의 펼침(▼) 단추를 클릭하여 [개체]−[글맵시]를 클릭합니다.

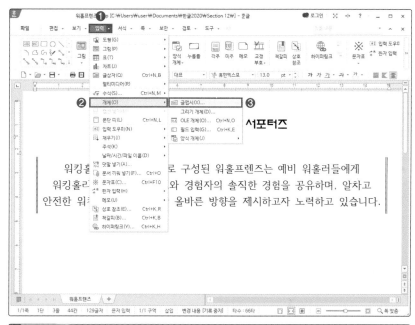

2. [글맵시 만들기] 대화상자에서 '워홀프렌즈'를 입력합니다. 글맵시 모양 펼침(▼) 단추를 클릭하여 ⬛(위쪽 팽창)을 선택하고, 글꼴은 '휴먼명조'로 지정한 다음, [설정]을 클릭합니다.

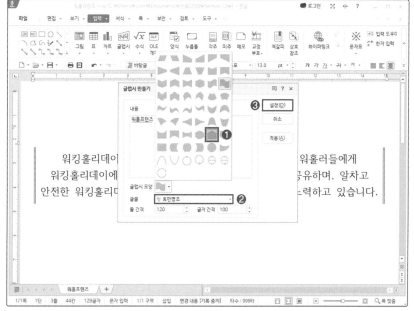

---

tip

글맵시 모양을 클릭하면 55가지의 다양한 모양으로 글맵시를 삽입할 수 있습니다.

1. 삽입한 글맵시를 선택한 다음, ■(글맵시) 메뉴를 클릭합니다. 기본 도구 상자에서 '글자처럼 취급'을 클릭하여 체크 표시를 하고, ☀(글맵시 채우기)를 클릭하여 원하는 색을 선택합니다.

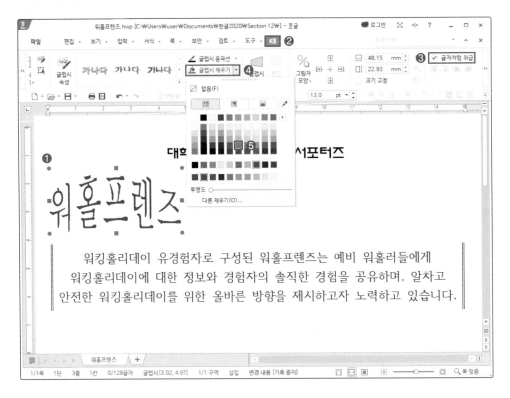

2. 글맵시의 크기를 적당히 조절합니다. 글맵시 오른쪽에 커서를 위치시킨 다음, 서식 도구 상자 에서 ≡(가운데 정렬)을 클릭하여 완성합니다.

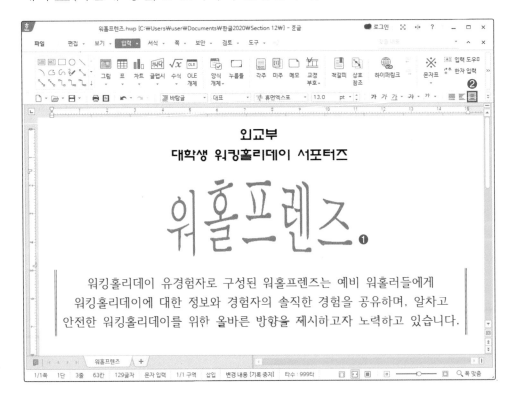

혼자 풀어보기

① '구인광고.hwp' 파일을 불러와 다음과 같이 글맵시를 삽입해 보세요.

HINT
글맵시 모양 : 육각형, 글꼴(HY헤드라인M)

② 글맵시 모양을 '아래쪽 수축'으로 바꾸고, 글맵시 채우기색과 윤곽선을 바꿔 보세요.

▲ 완성파일 : 구인광고_완성.hwp

HINT
글맵시 윤곽선 : 검정, 굵기–0.3mm

3 다음과 같이 표와 글맵시를 삽입하고 '건강검진.hwp'로 저장해 보세요.

2025년
국가건강검진 기간 연장

- ■ 연장대상 : 일반검진 및 암검진
- ■ 연장기간 : 2025년 6월 말까지
- ■ 연장대상 확인 및 연장 신청 방법 : 국민건강보험공단

HINT 글맵시 모양 : 평창, 사각형

4 다음과 같이 표와 글맵시를 삽입하고, '이벤트.hwp'로 저장해 보세요.

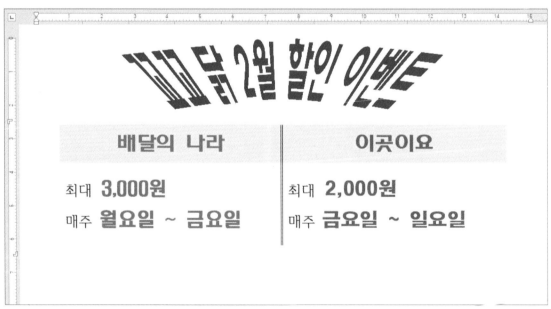

배달의 나라	이곳이요
최대 **3,000원**	최대 **2,000원**
매주 **월요일 ~ 금요일**	매주 **금요일 ~ 일요일**

HINT 글맵시 모양 : 위로 넓은 원통

그림 삽입하기

한·글·2·0·2·0

작성한 문서에 그림을 삽입하면 글자만 있을 때보다 시각적으로 보이게 됩니다. 여기에서는 그림 파일을 삽입하고 다양하게 편집하는 방법에 대해 배워봅니다.

1 그림 삽입하기

1. 'C:₩문서₩한글2020₩Section 13'에서 '세금.hwp' 파일을 불러옵니다. 커서를 그림이 삽입될 위치에 놓고 [입력] 메뉴의 펼침(▼) 단추를 클릭한 다음, [그림]-[그림]을 클릭합니다.

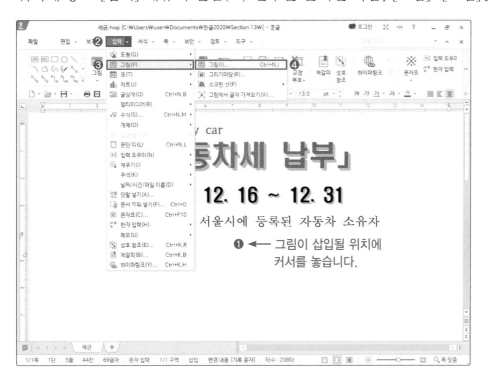

2. [그림 넣기] 대화상자에서 소스 파일을 다운받은 폴더를 지정하고(여기에서는 'C:₩문서₩한글2020₩Section 13₩이미지' 폴더에 다운받은 상태입니다), '자동차.jpg'를 선택합니다. '문서에 포함'과 '글자처럼 취급'에 체크 표시를 한 다음, [열기]를 클릭합니다.

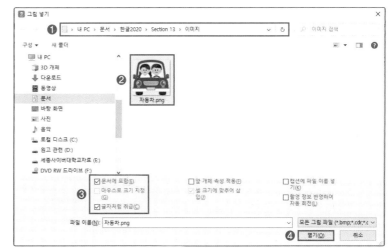

1. 삽입한 그림의 크기를 적당히 조절합니다. 이어서 (그림) 메뉴에서 (그림 효과)를 클릭하여 [그림자]-[대각선 오른쪽 아래]를 선택합니다.

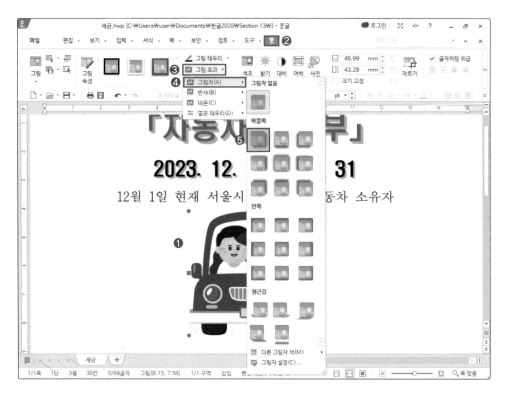

2. 반사 효과를 설정하기 위해 다시 (그림) 메뉴에서 (그림 효과)를 클릭하여 [반사]-[1/3 크기, 근접]을 선택하여 완성합니다.

① 다음과 같이 내용을 입력하고 '토마토.jpg' 그림을 삽입하고, '슈퍼푸드.hwp'로 저장해 보세요.

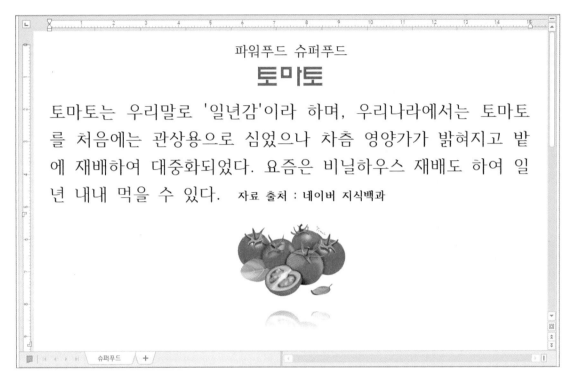

② 다음과 같이 글맵시와 그림을 삽입하여 문서를 만들어 삽입하고, '할인.hwp'로 저장해 보세요.

③ '이력서.hwp' 파일을 불러와 다음과 같이 이력서를 작성하고, '증명사진.jpg' 그림을 삽입해 보세요.

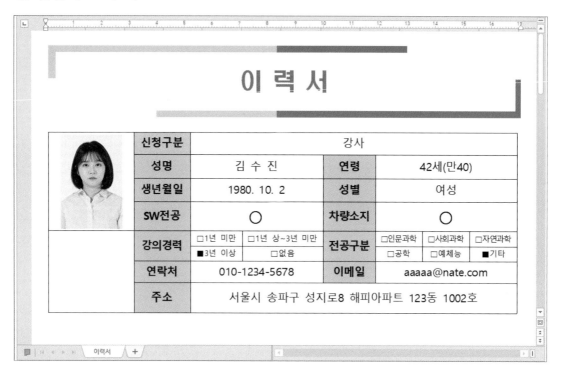

신청구분	강사		
성명	김 수 진	연령	42세(만40)
생년월일	1980. 10. 2	성별	여성
SW전공	○	차량소지	○
강의경력	□1년 미만 □1년 상~3년 미만 ■3년 이상 □없음	전공구분	□인문과학 □사회과학 □자연과학 □공학 □예체능 ■기타
연락처	010-1234-5678	이메일	aaaaa@nate.com
주소	서울시 송파구 성지로8 해피아파트 123동 1002호		

④ '도장.png' 사진을 다음과 같이 글씨 뒤에 배치해 보세요.

○ **자격·면허증**

취득일자	구 분	등급	시행처	번호
2004년 10월 17일	정보처리	기사	한국산업인력관리공단	12345689
2005년 08월 05일	워드프로세서	1	대한산공회의소	00-1235-254
2007년 03월 10일	ITQ OA Master	A	한국생산성본부	-

성 명 : 김수진 (서명 또는 인)

▲완성파일 : 이력서_완성.hwp

HINT

[그림 삽입] 대화상자에서 '마우스로 크기 지정', '문서에 포함'에 체크 표시합니다. 마우스로 드래그하여 그림을 삽입한 다음, (그림) 탭에서 (글 뒤로)를 선택합니다.

글상자 삽입하기

글상자를 이용하면 단에 관계없이 문서 제목이나 본문 중간에 박스형 글을 손쉽게 삽입할 수 있습니다.

1 글상자 삽입하기

1. [입력] 메뉴를 선택한 다음, ▤(가로 글상자)를 클릭합니다. 마우스 포인터가 '+'로 바뀌면 다음과 같이 드래그하여 글상자를 삽입합니다.

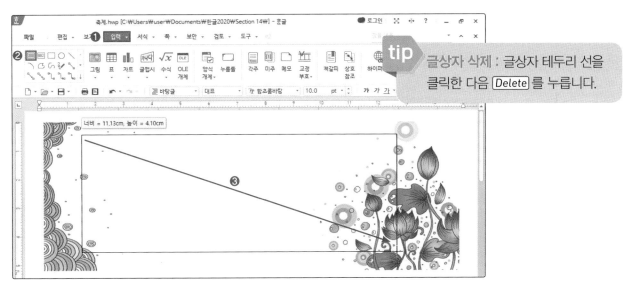

tip 글상자 삭제 : 글상자 테두리 선을 클릭한 다음 Delete 를 누릅니다.

2. 삽입한 글상자에 다음과 같이 내용을 입력한 다음, 지정한 서식으로 설정합니다. 글자색은 원하는 색으로 지정합니다.

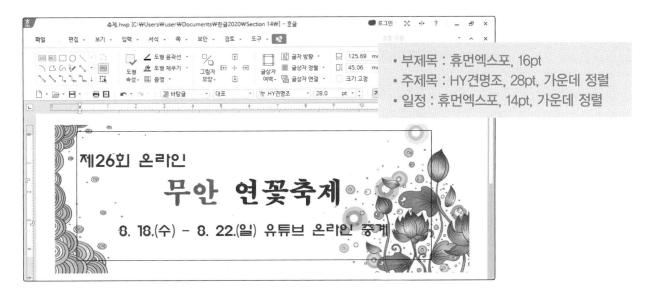

• 부제목 : 휴먼엑스포, 16pt
• 주제목 : HY견명조, 28pt, 가운데 정렬
• 일정 : 휴먼엑스포, 14pt, 가운데 정렬

1. 글상자에서 마우스 오른쪽 단추를 클릭하여 나타난 단축메뉴에서 [개체 속성]을 선택합니다.

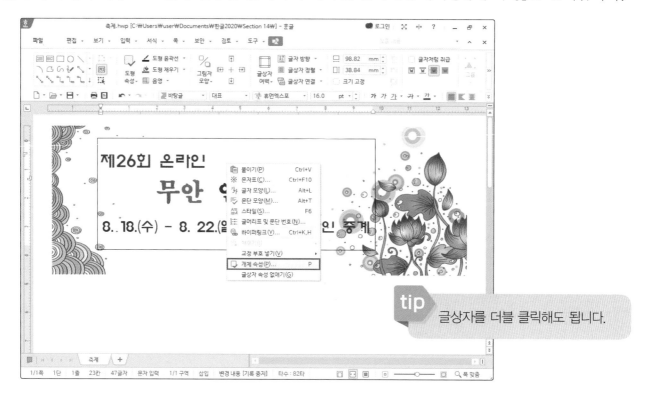

tip 글상자를 더블 클릭해도 됩니다.

2. [개체 속성] 대화상자의 [기본] 탭에서 너비는 "125mm", 높이는 "45mm"로 설정하여 글상자 크기를 조절합니다.

tip 글상자 테두리를 클릭하여 나타난 크기 조절 핸들을 드래그하여 글상자 크기를 조절할 수도 있습니다.

3. [선] 탭에서 색의 펼침(▼) 단추를 클릭하여 빨간색 계열의 색을 선택하고, 종류는 '점선'으로 지정한 다음 사각형 모서리 곡률을 □(둥근 모양)으로 선택합니다.

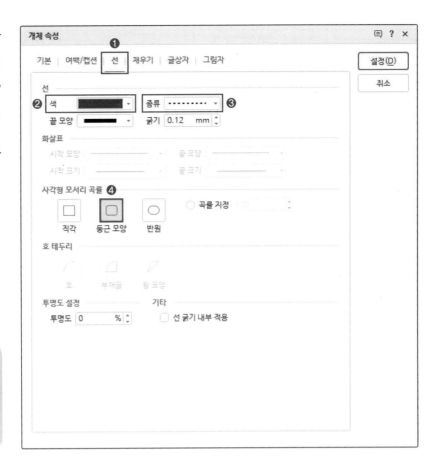

> **tip**
> 선 종류의 펼침(▼) 단추를 클릭하면 다양한 종류로 글상자의 테두리를 설정할 수 있습니다.

4. [채우기] 탭을 클릭한 다음, '그러데이션'을 선택합니다. 그리고 시작 색과 끝 색의 펼침(▼) 단추를 클릭하여 각각 빨간 계열로 색을 선택하고, 유형은 '세로', 투명도는 "80%"로 설정합니다.

> **tip**
> 그러데이션 효과
> 시작 색에서 시작해서 끝 색으로 색이 퍼지는 효과를 말합니다.

5. [글상자] 탭을 클릭합니다. 안쪽 여백의 왼쪽과 오른쪽 여백 값을 각각 "5mm"로 지정하고, [설정]을 클릭합니다.

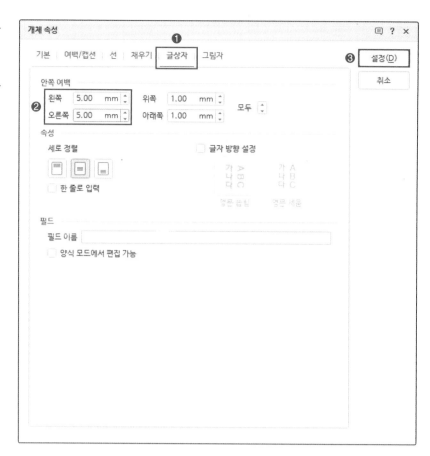

tip 글상자에 안쪽 여백 값을 설정하면 글상자 테두리에 글씨가 붙어서 입력되지 않습니다.

6. 다음과 같이 글상자가 멋있게 삽입된 것을 확인할 수 있습니다.

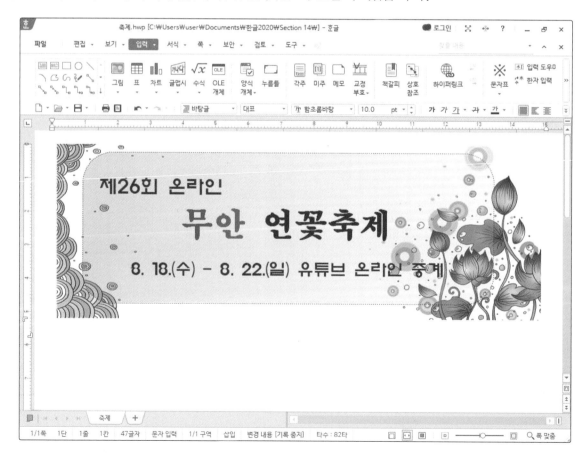

① 글상자를 이용하여 제목을 작성하고, 내용을 입력한 후 '홍시.hwp'로 저장해 보세요.

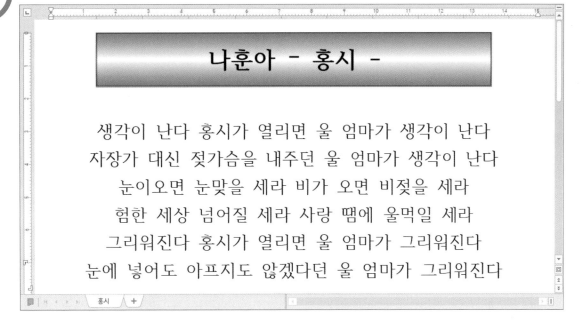

나훈아 - 홍시 -

생각이 난다 홍시가 열리면 울 엄마가 생각이 난다
자장가 대신 젖가슴을 내주던 울 엄마가 생각이 난다
눈이오면 눈맞을 세라 비가 오면 비젖을 세라
험한 세상 넘어질 세라 사랑 땜에 울먹일 세라
그리워진다 홍시가 열리면 울 엄마가 그리워진다
눈에 넣어도 아프지도 않겠다던 울 엄마가 그리워진다

② 글상자를 삽입하여 모서리 곡률을 '반원'으로 바꾸고 다음과 같이 내용을 입력해서 '시래기.hwp'로 저장해 보세요.

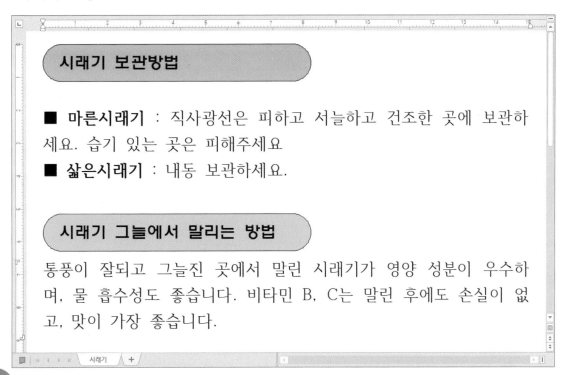

시래기 보관방법

■ **마른시래기** : 직사광선은 피하고 서늘하고 건조한 곳에 보관하
세요. 습기 있는 곳은 피해주세요
■ **삶은시래기** : 내동 보관하세요.

시래기 그늘에서 말리는 방법

통풍이 잘되고 그늘진 곳에서 말린 시래기가 영양 성분이 우수하
며, 물 흡수성도 좋습니다. 비타민 B, C는 말린 후에도 손실이 없
고, 맛이 가장 좋습니다.

HINT 글상자를 삽입한 다음, [개체 속성] 대화상자의 [선] 탭에서 '반원'을 선택합니다.

3 다음과 같이 글상자와 그림을 이용하여 문서를 작성하고, '창경궁.hwp'로 저장해보세요.

▲삽입 그림 : 창경궁1.jpg~창경궁3.jpg

4 '제주도.jpg' 이미지를 삽입하고, 세로 글 상자를 이용하여 다음과 같이 문서를 만들어 보세요.

 [입력] 메뉴의 기본 도구 상자에서 ▥(세로 글상자)를 클릭하여 삽입합니다.

SECTION 15

그리기 개체 삽입하기

선, 사각형, 원, 호, 다각형 등과 같은 도형을 삽입하고, 그림자, 선, 채우기 등을 이용하여 다양하게 보이도록 꾸밀 수 있습니다.

1 도형 삽입하기

1. [입력] 메뉴를 클릭한 다음, 기본 도구 상자에서 □(직사각형)을 선택합니다. 마우스 포인터가 '+'로 바뀌면 적당하게 드래그하여 도형을 삽입합니다.

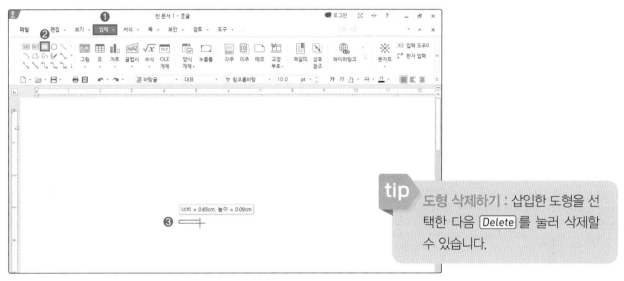

> **tip** 도형 삭제하기 : 삽입한 도형을 선택한 다음 [Delete]를 눌러 삭제할 수 있습니다.

2. 도형을 클릭한 상태에서 [Ctrl]을 누른 상태로 오른쪽으로 드래그하여 직사각형 도형을 복사합니다.

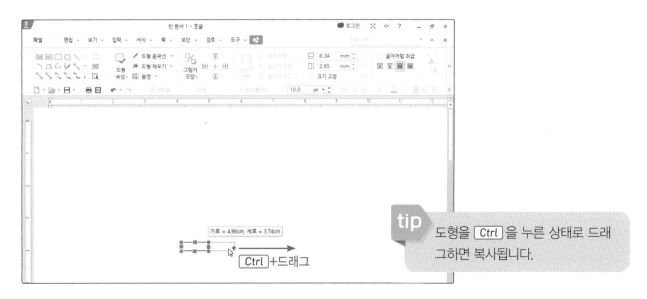

> **tip** 도형을 [Ctrl]을 누른 상태로 드래그하면 복사됩니다.

3. 같은 방법으로 다음과 같이 도형을 복사하여 5개를 삽입합니다.

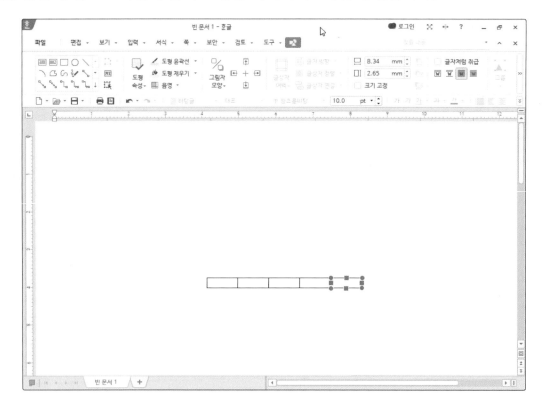

4. [입력] 메뉴의 기본 도구 상자에서 ○ (타원)을 선택한 다음, Shift 를 누른 상태로 드래그하여 정원을 삽입합니다.

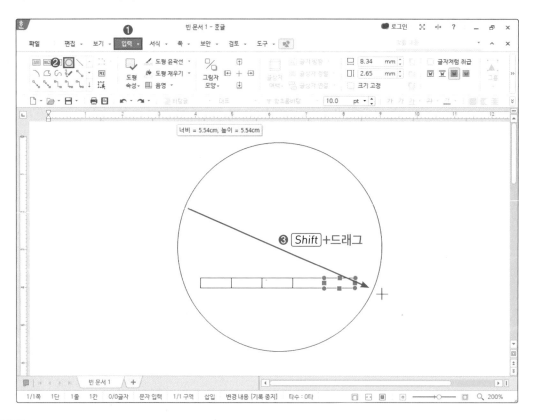

tip

Shift 를 누른 상태로 드래그 하면 가로와 세로 비율이 1:1인 정원이나 정사각형 도형이 삽입됩니다.

1. 첫 번째 직사각형 도형을 선택한 다음, █(도형) 메뉴의 기본 도구 상자에서 █(도형 채우기)를 클릭하여 빨간색을 선택합니다.

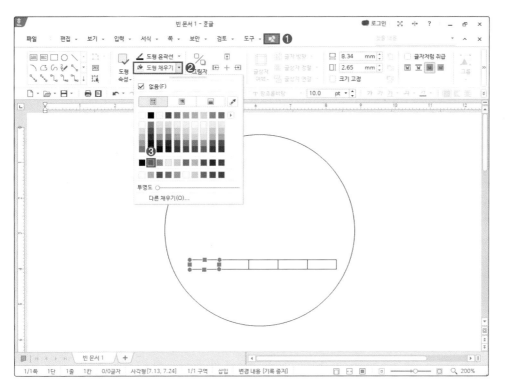

2. 같은 방법으로 나머지 사각형 도형을 원하는 색으로 설정하고, Shift 를 누른 상태로 직사각형 도형을 모두 클릭하여 선택합니다. ▱(도형 윤곽선)를 클릭하여 '없음'을 선택합니다.

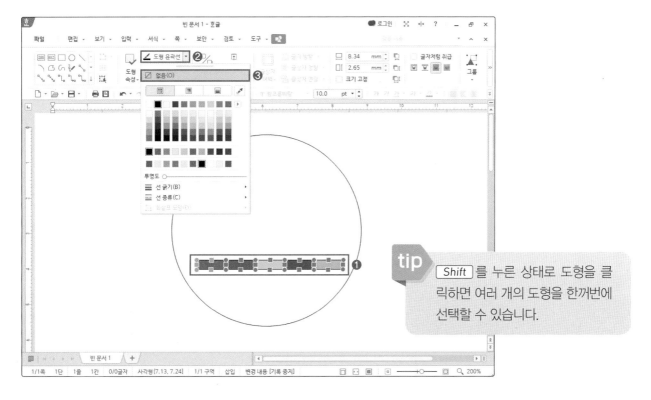

tip Shift 를 누른 상태로 도형을 클릭하면 여러 개의 도형을 한꺼번에 선택할 수 있습니다.

3. 이번에는 타원 도형을 선택한 다음 도형 윤곽선은 '없음', 도형 채우기는 '하양(RGB: 255, 255,255), 5%, 어둡게'로 설정합니다.

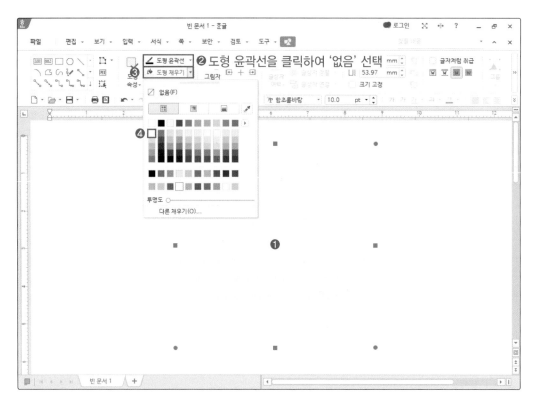

4. 타원 도형을 직사각형 도형 뒤로 이동시키기 위해 타원 도형에서 마우스 오른쪽 단추를 클릭 하여 [순서]–[맨 뒤로]를 클릭합니다.

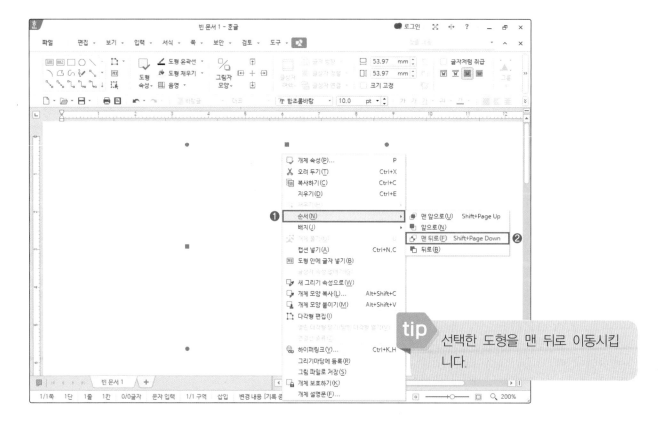

tip 선택한 도형을 맨 뒤로 이동시킵 니다.

5. [Shift]를 누른 상태로 도형을 모두 선택한 다음, 마우스 오른쪽 단추를 클릭하여 [개체 묶기]를 선택합니다.

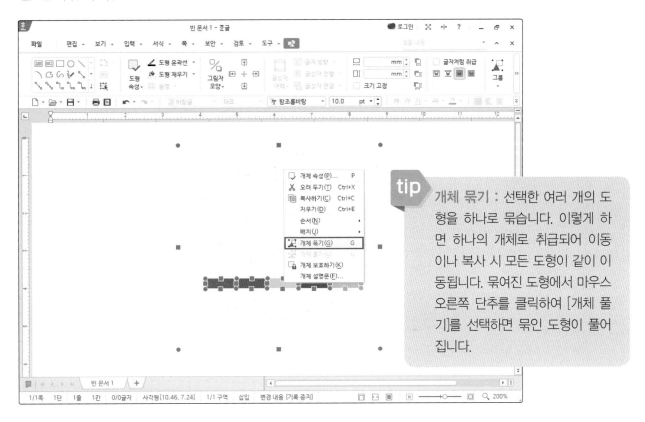

개체 묶기 : 선택한 여러 개의 도형을 하나로 묶습니다. 이렇게 하면 하나의 개체로 취급되어 이동이나 복사 시 모든 도형이 같이 이동됩니다. 묶여진 도형에서 마우스 오른쪽 단추를 클릭하여 [개체 풀기]를 선택하면 묶인 도형이 풀어집니다.

6. 가로 글상자를 삽입하여 "새해 복 많이 받으세요."를 입력합니다. ▣(도형) 메뉴의 기본 도구 상자에서 ∠(도형 윤곽선)-[없음]을 클릭하여 윤곽선을 투명으로 설정합니다.

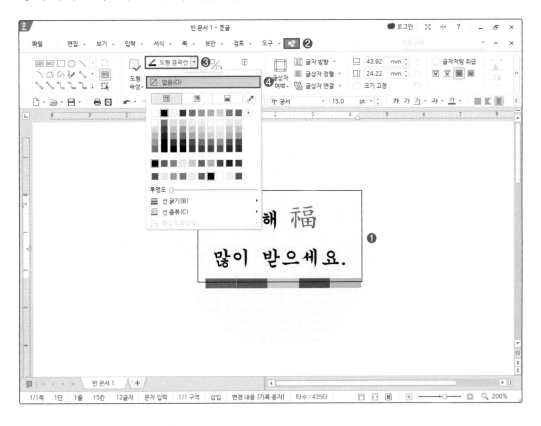

7. [입력] 메뉴의 펼침(▼) 단추를 클릭하여 [도형]–[다른 그리기 조각]을 선택합니다. [그리기 마당] 대화상자의 [그리기 조각] 탭에서 '기본도형'을 선택하고, 이어서 하트 도형을 선택한 다음 [넣기]를 클릭합니다.

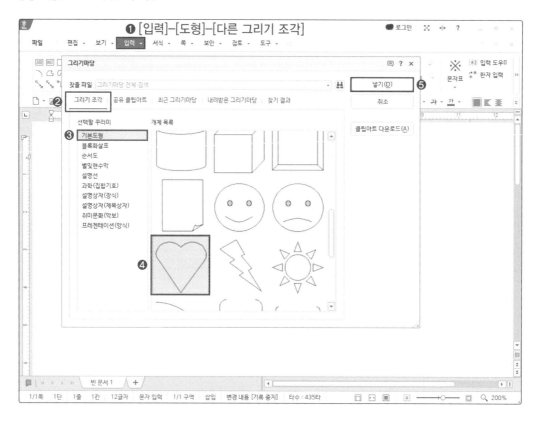

8. 하트 도형을 하나 삽입하고 Ctrl 을 누른 상태로 드래그하면서 도형을 여러 개 복사하여 크기를 조절한 다음, 다양한 색을 적용하여 문서를 완성합니다.

1 도형과 가로 텍스트 상자를 이용하여 다음과 같이 문서를 만들어 '분리수거.hwp'로 저장해 보세요.

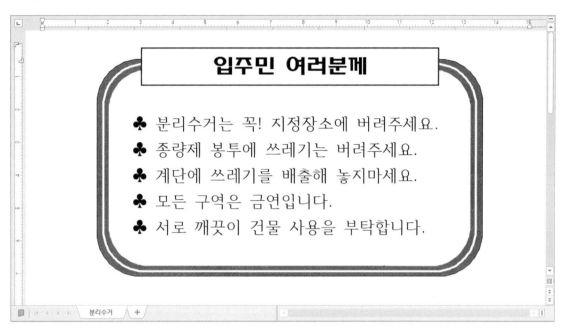

2 그리기 조각에서 별 도형을 삽입하고, 다음과 같이 복사해 보세요.

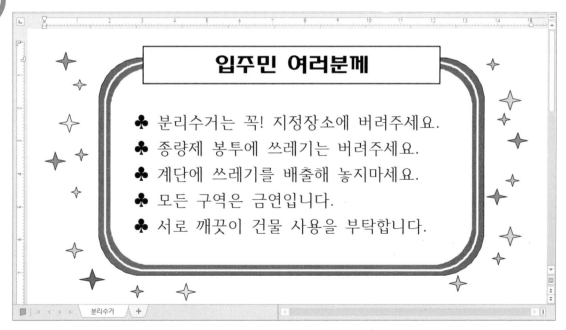

▲완성파일 : 분리수거_완성.hwp

3 도형과 가로 텍스트 상자, 글맵시를 이용하여 다음과 같이 문서를 만들어 '원아모집.hwp'로 저장해 보세요.

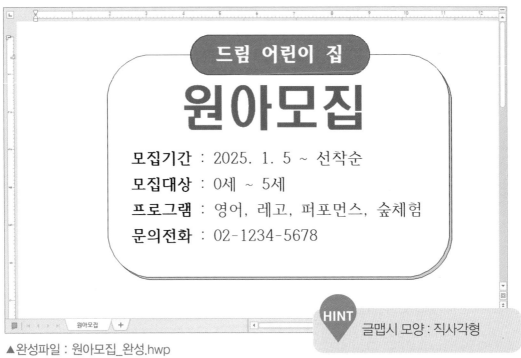

HINT 글맵시 모양 : 직사각형

▲완성파일 : 원아모집_완성.hwp

4 도형과 가로 텍스트 상자, 그림을 이용하여 다음과 같이 문서를 만들어 '천문대.hwp'로 저장해 보세요.

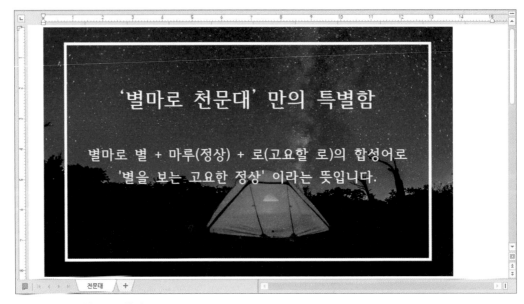

▲완성파일 : 천문대_완성.hwp
▲삽입 그림 : 밤하늘.jpg, 가로 텍스트 상자 : 도형 윤곽선-없음

다단 설정과 단 나누기

신문이나 회보, 찾아보기 등을 만들 때 읽기 쉽도록 한 쪽을 여러 개의 단으로 나눌 수 있습니다. 다단을 사용하면 문서가 정돈되어 보이는 효과가 있고, 보다 많은 내용을 한눈에 볼 수 있습니다.

1 다단 나누기

1. 'C:₩문서₩한글2020₩Section 16'에서 '레시피.hwp' 파일을 불러 옵니다. 다단을 나누기 위해 [쪽] 메뉴의 펼침(▼) 단추를 클릭하여 [단]-[다단 설정]을 선택합니다.

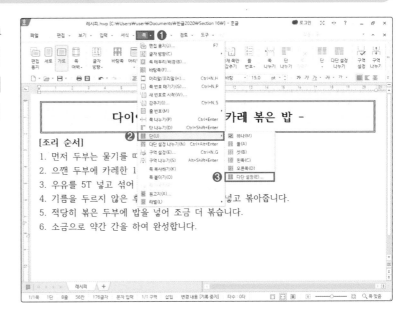

2. [단 설정] 대화상자에서 단 종류는 '일반 다단', 자 주 쓰이는 모양은 ▥(둘)을 선택하고, 구분선 넣 기에 체크 표시를 하고, 종류는 '이중 실선'으로 지정한 다음, [설정]을 클릭합니다. 그러면 지정 한 양식대로 단이 나누어집니다.

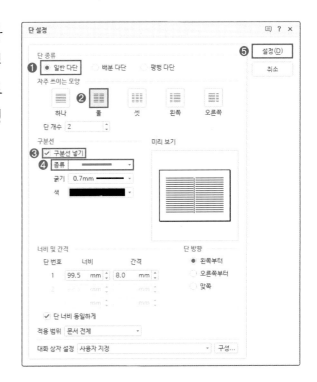

2 제목 설정하기

1. 제목은 하나의 단에 통합되어 표시하는 것이 보기 좋습니다. 제목을 블록 설정한 다음, [쪽] 메뉴의 펼침(▼) 단추를 클릭하여 [단]-[하나]를 클릭합니다.

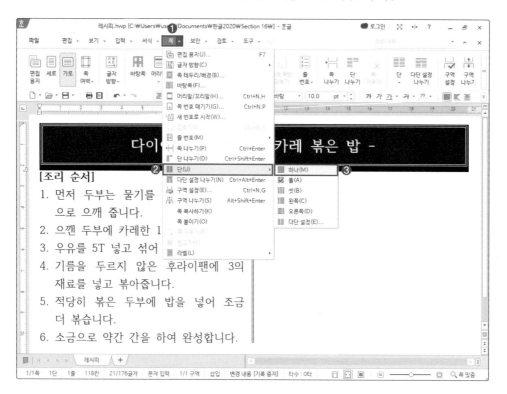

2. 1단 맨 마지막 줄에서 커서를 놓고 [쪽] 메뉴의 펼침(▼) 단추를 클릭하여 [단 나누기]를 클릭합니다. 커서가 2단으로 이동되면 내용을 입력하여 완성합니다.

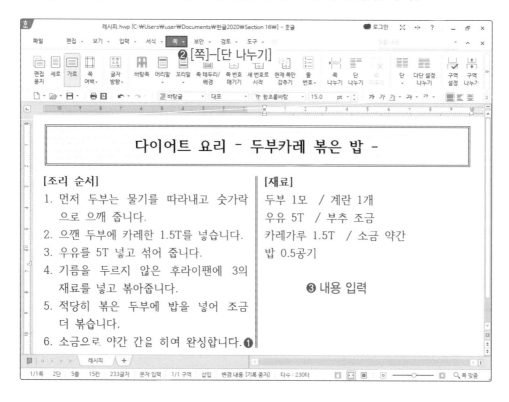

1 '한국사.hwp' 파일을 불러와 다음과 같이 2단으로 다단을 나눠보세요.

조선의 제22대왕 정조는 지난한 여정을 거쳐 왕위에 올라, 갖가지 개혁 정책 및 탕평을 통해 대통합을 추진하였다. 그러나 그의 갑작스러운 죽음으로 그가 재위기간에 추진했던 각종 정책은 대부분 폐기되었다.

조선의 제22대왕 정조. 1759년(영조35) 세손에 책봉될 때까지는 왕가의 일반적인 코스를 밟으며 순탄한 생을 살았다. 그러나 1762년 생부 사도세자(후일의 장헌세자, 고종때 장조로 추존됨)가 비극적으로 죽게 되면서 왕위에 오르기까지 지난한 여정을 거쳤다. 영조는 장헌세자 사후 정조를 앞서 요절한 맏아들 효장세자(후일의 진종)를 후사로 삼아 왕통을 잇게 하였다. 즉위 이후 정조는 자신의 정적들을 제거하는 데 주력하였으며, 이를 홍국영을 통해 추진하였다. 동시에 정조는 규장각을 설치, 인재 육성과 학문 정치

구현을 위한 발판으로 삼고자 하였다. 왕위에 오른 지 4년 정도 경과한 시점까지 자신의 정적들의 제거에 일단락 성공한 정조는 이후 각종의 개혁 정책을 추진하였다.

자료출처
[네이버 지식백과] -인물한국사, 이근호, 장선환

2 표를 삽입하여 제목을 작성하고, 다음과 같이 단 가운데에 표시해 보세요.

한국사
정조
조선 후기 개혁과 대통합을 실현한 군주

조선의 제22대왕 정조는 지난한 여정을 거쳐 왕위에 올라, 갖가지 개혁 정책 및 탕평을 통해 대통합을 추진하였다. 그러나 그의 갑작스러운 죽음으로 그가 재위기간에 추진했던 각종 정책은 대부분 폐기되었다.

조선의 제22대왕 정조. 1759년(영조35) 세손에 책봉될 때까지는 왕가의 일반적인 코스를 밟으며 순탄한 생을 살았다. 그러나 1762년 생부 사도세자(후일의 장헌세자, 고종때 장조로 추존됨)가 비극적으로 죽게 되면서 왕위에 오르기까지 지난한 여정을 거쳤다. 영조는 장헌세자 사후 정조를 앞서 요절한 맏아들 효장세자(후일의 진

종)를 후사로 삼아 왕통을 잇게 하였다. 즉위 이후 정조는 자신의 정적들을 제거하는 데 주력하였으며, 이를 홍국영을 통해 추진하였다. 동시에 정조는 규장각을 설치, 인재 육성과 학문 정치 구현을 위한 발판으로 삼고자 하였다. 왕위에 오른 지 4년 정도 경과한 시점까지 자신의 정적들의 제거에 일단락 성공한 정조는 이후 각종의 개혁 정책을 추진하였다.

자료출처
[네이버 지식백과] -인물한국사, 이근호, 장선환

▲완성파일 : 한국사_완성.hwp

'파프리카.hwp' 파일을 불러와 다음과 같이 2단으로 나누고, 표를 삽입해 보세요.

파프리카(Paprika)

원산지	중앙아메리카
효능	비타민C 공급원
맛 / 향	조금 매운맛 / 과일 향
보관방법	랩으로 싼 후 밀폐용기에 넣어 냉장보관

파프리카는 터키를 대표하는 향신료로 오스만제국 당시 헝가리로 전파되었다. 우리나라에서 파프리카는 채소류의 단맛을 내는 채소를 지칭하지만 유럽 특히 헝가리에서 파프리카는 매운 고추를 지칭한다. 현재도 헝가리에서 재배한 파프리카가 가장 유명하다. 1926년 헝가리의 화학자가 파프리카로부터 비타민C를 분리하는 데 성공하자 파프리카는 겨울철에 몸을 따뜻하게 하는 향신료로 취급되었다. 파프리카는 단맛에서부터 매운맛까지 종류가 다양한데, 질 좋은 파프리카는 진홍색을 띠고 가벼운 과일향이 난다. 파프리카를 이용한 가장 유명한 요리는 '굴라시(Goulash)'다.

히 넣어 오랜 시간 끓이는 헝가리 전통요리다. 파프리카는 케이퍼 위에 뿌려 색을 내거나, 수프에 밝은 색을 첨가할 때 사용한다. 또한 달걀과 채소요리, 갑각류와 치킨요리, 샐러드드레싱에도 사용한다. 단, 파프리카는 색과 맛을 단시간에 잃기 때문에 오래 보관하기 어려우므로 소량만 구입해 사용하는 것이 좋다.

자료 출처 : [네이버 지식백과]
셰프가 추천하는 54가지 향신료 수첩, 2011. 3. 30., 최수근, 최혜진

 다단 가운데 '파프리카.jpg' 그림을 삽입하여 완성해 보세요.

파프리카(Paprika)

원산지	중앙아메리카
효능	비타민C 공급원
맛 / 향	조금 매운맛 / 과일 향
보관방법	랩으로 싼 후 밀폐용기에 넣어 냉장보관

파프리카는 터키를 대표하는 향신료로 오스만제국 당시 헝가리로 전파되었다. 우리나라에서 파프리카는 채소류의 단맛을 내는 채소를 지칭하지만 유럽 특히 헝가리에서 파프리카는 매운 고추를 지칭한다. 현재도 헝가리에서 재배한 파프리카가 가장 유명하다. 1926년 헝가리의 화학자가 파프리카로부터 비타민C를 분리하는 데 성공하자 파프리카는 겨울철에 몸을 따뜻하게 하는 향신료로 취급되었다. 파프리카는 단맛에서부터 매운맛까지 종류가 다양한데, 질 좋은 파프리카는 진홍색을 띠고 가벼운 과일향이 난

시(Goulash)'다. 굴라시는 큼직하게 썬 쇠고기에 파프리카를 넉넉히 넣어 오랜 시간 끓이는 헝가리 전통요리다. 파프리카는 케이퍼 위에 뿌려 색을 내거나, 수프에 밝은 색을 첨가할 때 사용한다. 또한 달걀과 채소요리, 갑각류와 치킨요리, 샐러드드레싱에도 사용한다. 단, 파프리카는 색과 맛을 단시간에 잃기 때문에 오래 보관하기 어려우므로 소량만 구입해 사용하는 것이 좋다.

자료 출처 : [네이버 지시백과]
셰프가 추천하는 54가지 향신료 수첩, 2011. 3. 30., 최수근, 최혜진

▲완성파일 : 파프리카_완성.hwp

머리말 만들기

머리말은 여러 장의 문서 상단에 같은 내용을을 반복해서 표시하는 것을 말합니다. 머리말을 삽입하면 화면 보기 상태가 '쪽 윤곽'으로 바뀌어 확인할 수 있으며, 미리 보기에서도 확인할 수 있습니다.

1 머리말 삽입하기

1. 'C:₩문서₩한글2020₩Section 17'에서 '별자리.hwp' 파일을 불러와 [쪽]-[머리말/꼬리말]을 클릭합니다. [머리말/꼬리말] 대화상자에서 '머리말'을 선택하고 위치는 '양쪽'을 선택한 다음 [만들기]를 클릭합니다.

tip 삽입된 머리말을 더블 클릭하면 머리말을 수정할 수 있습니다.

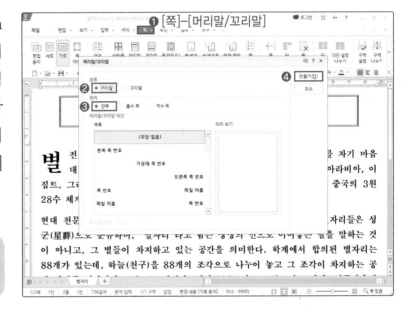

2. "자료출처 : 나무위키(https://namu.wiki)"를 입력하고 블록을 설정한 다음, 서식 도구 모음에서 글꼴은 '굴림', 크기는 '10pt', 정렬은 '오른쪽 정렬'을 설정하고, (닫기)를 클릭합니다.

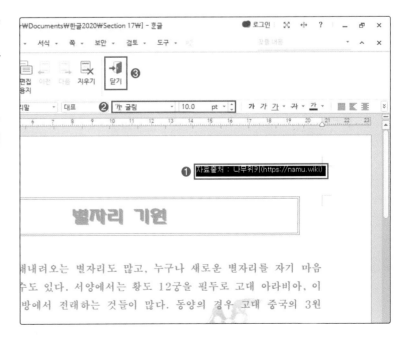

3. 화면 보기가 '쪽 윤곽'으로 바뀌면서 머리말이 삽입된 것을 확인할 수 있습니다. 제대로 되었는 지 확인해보고 싶으면 서식 도구 상자에서 ▤(미리보기)를 클릭합니다.

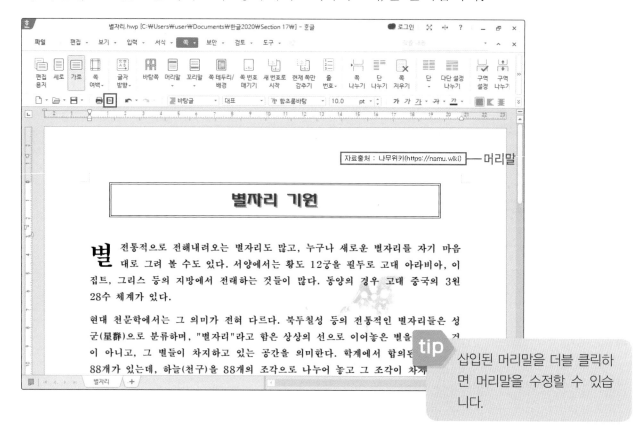

머리말

tip

삽입된 머리말을 더블 클릭하 면 머리말을 수정할 수 있습 니다.

4. [미리보기] 메뉴의 기본 도구 상자에서 ▦(쪽 보기)의 펼침(▼) 단추를 클릭하여 [여러 쪽]을 선 택한 다음, 첫 번째 줄에 두 번째 칸을 클릭하여 머리말을 확인합니다.

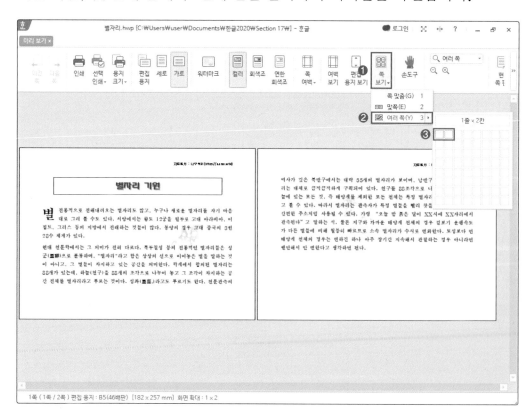

① '태권도.hwp' 파일을 불러와 다음과 같이 머리말을 삽입해 보세요.

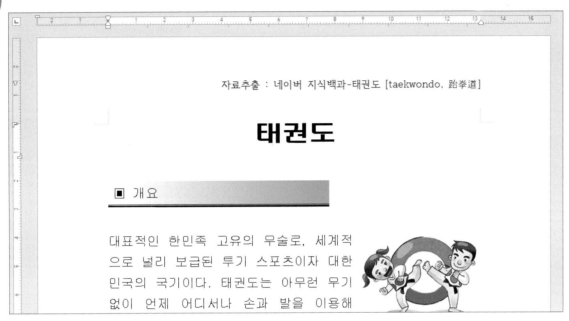

② 인쇄 미리 보기로 2페이지를 한 화면에 미리보기 해보세요.

▲완성파일 : 태권도_완성.hwp

'올림픽.hwp' 파일을 불러와 다음과 같이 머리말을 삽입해 보세요.

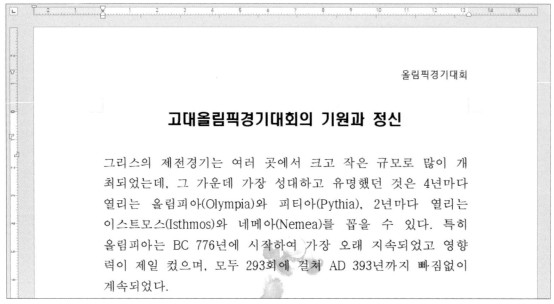

 인쇄 미리 보기로 2페이지를 한 화면에 미리보기 해보세요.

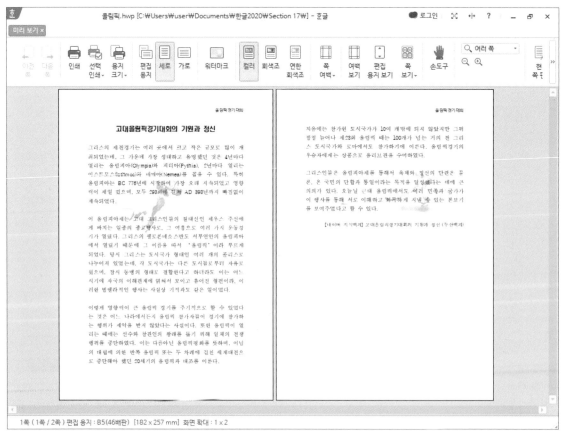

▲완성파일 : 올림픽_완성.hwp

SECTION 18

각주 만들기

본문 내용에 대한 보충 설명을 자세하게 제시하거나, 인용한 자료의 출처 등을 페이지 아래에 표시하는 것을 '각주'라고 합니다. 본문에 대한 보충 내용을 각주로 삽입할 수 있습니다.

1 각주 삽입하기

1. 'C:₩문서₩한글2020₩Section 18'에서 '인공지능.hwp' 파일을 불러옵니다.
각주를 삽입할 '정보기술' 뒤에 커서를 위치시킨 다음, [입력] 메뉴의 펼침(▼) 단추를 클릭하여 [주석]-[각주]를 클릭합니다.

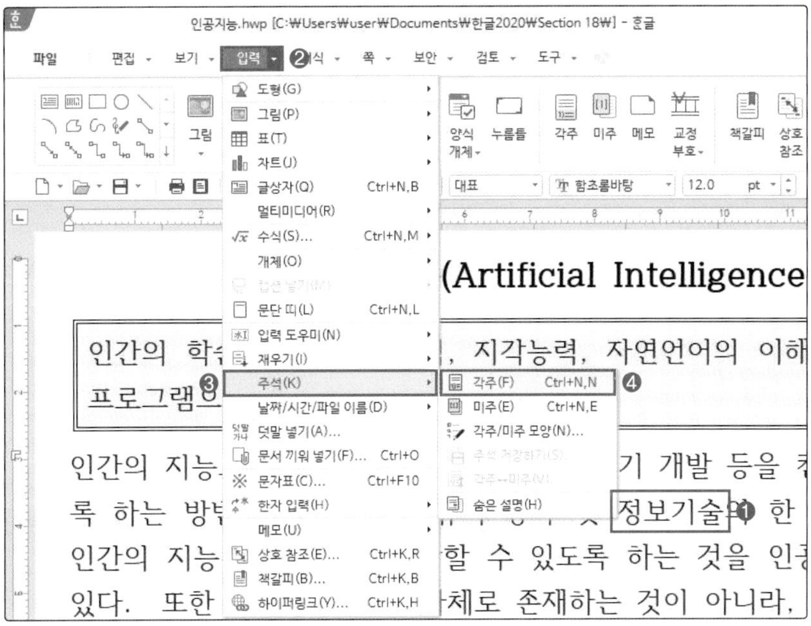

2. 커서가 각주 입력 화면으로 이동되면 각주 내용을 입력합니다. [각주] 메뉴의 기본 도구 상자에서 (번호 모양)을 클릭하여 각주 번호를 'Ⓐ,Ⓑ,Ⓒ'를 선택합니다.

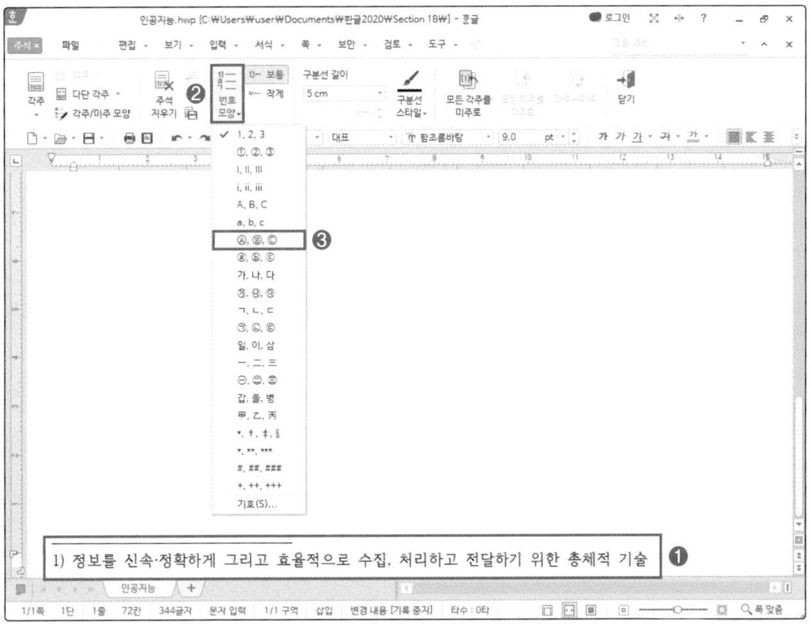

3. 각주 내용을 블록 설정한 다음 서식 도구 상자에서 글꼴 크기를 '10pt'로 설정하고 ◂▌(닫기)를 클릭합니다.

4. '정보기술' 단어 뒤에 각주 번호 'Ⓐ'가 표시된 것을 확인할 수 있습니다.

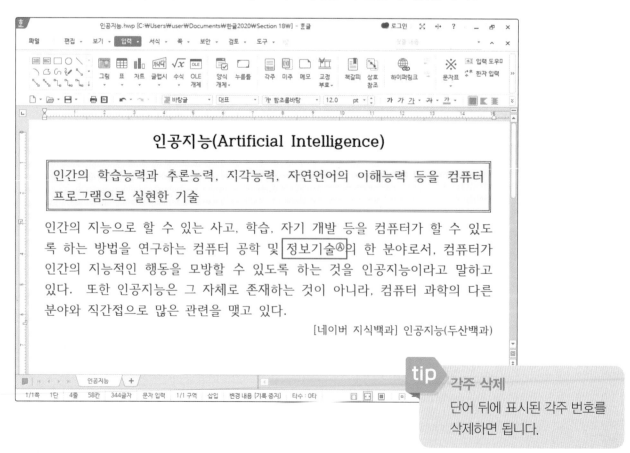

tip **각주 삭제**
단어 뒤에 표시된 각주 번호를 삭제하면 됩니다.

① 다음과 같이 내용을 입력한 다음, 각주를 삽입하고 '블록체인.hwp'로 저장해 보세요.

블록체인

블록에 데이터를 담아 체인 형태로 연결, 수많은 컴퓨터에 동시에 이를 복제해 저장하는 분산형 데이터 저장 기술이다.

나카모토 사토시가 2007년 글로벌 금융위기 사태를 통해 중앙집권화된 금융시스템의 위험성을 인지하고 개인 간 거래가 가능한 블록체인 기술을 고안했다. 이후 2009년 사토시는 블록체인[1] 기술을 적용해 암호화폐인 비트코인을 개발했다.

[네이버 지식백과] 블록체인

_____

1) 온라인상에서 개인과 개인이 직접 돈을 주고받을 수 있도록 암호화된 가상자산

② 각주 번호 모양을 숫자 원문자로 바꿔보세요.

블록체인

블록에 데이터를 담아 체인 형태로 연결, 수많은 컴퓨터에 동시에 이를 복제해 저장하는 분산형 데이터 저장 기술이다.

나카모토 사토시가 2007년 글로벌 금융위기 사태를 통해 중앙집권화된 금융시스템의 위험성을 인지하고 개인 간 거래가 가능한 블록체인 기술을 고안했다. 이후 2009년 사토시는 블록체인① 기술을 적용해 암호화폐인 비트코인을 개발했다.

[네이버 지식백과] 블록체인

_____

① 온라인상에서 개인과 개인이 직접 돈을 주고받을 수 있도록 암호화된 가상자산

▲완성파일 : 블록체인_완성.hwp

'가상현실.hwp' 문서를 불러와 각주를 삽입해 보세요.

가상현실

인공현실, 사이버공간, 가상세계라고도 한다. 가장 먼저 가상현실 기법이 적용된 게임의 경우 입체적으로 구성된 화면 속에 게임을 하는 사람이 그 게임의 주인공으로 등장해 문제를 풀어 나간다. 한편 가상현실과 현실 세계에 가상정보를 더해 보여주는 기술인 증강현실(AR)1)을 혼합한 기술은 혼합현실(MR)이라고 한다.

[네이버 지식백과] 가상현실(VR)

1) 사용자의 현실 세계에 3차원 가상물체를 겹쳐 보여주는 기술이다.

 각주 번호 모양을 한글 원문자로 바꿔보세요.

가상현실

인공현실, 사이버공간, 가상세계라고도 한다. 가장 먼저 가상현실 기법이 적용된 게임의 경우 입체적으로 구성된 화면 속에 게임을 하는 사람이 그 게임의 주인공으로 등장해 문제를 풀어 나간다. 한편 가상현실과 현실 세계에 가상정보를 더해 보여주는 기술인 증강현실(AR)㉠을 혼합한 기술은 혼합현실(MR)이라고 한다.

[네이버 지식백과] 가상현실(VR)

㉠ 사용자의 현실 세계에 3차원 가상물체를 겹쳐 보여주는 기술이다.

▲완성파일 : 가상현실_완성.hwp

쪽 테두리와 쪽 번호 설정하기

한·글·2·0·2·0

현재 편집 중인 문서의 쪽마다 다양한 모양의 쪽 테두리 선을 넣을 수 있으며, 쪽 번호를 매길 수도 있습니다. 쪽 번호를 이용하면 문서에 차례대로 일련번호가 매겨져 보기에 좋습니다.

1 쪽 테두리 설정하기

1. 'C:\문서\한글2020\Section 19'에서 '노후준비.hwp' 파일을 불러옵니다. [쪽] 메뉴의 펼침(▼) 단추를 클릭하여 [쪽 테두리/배경]을 클릭합니다. [쪽 테두리/배경] 대화상자의 [테두리] 탭에서 테두리/배경 종류는 '양쪽', 테두리 종류는 '이중 실선'을 선택하고 [설정]을 클릭합니다.

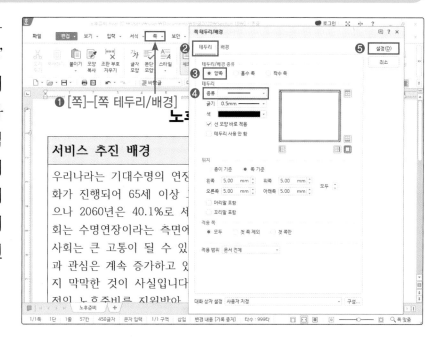

2. [보기] 메뉴를 클릭하여 ☐ (쪽 윤곽)을 선택하면 만들어진 쪽 테두리를 확인할 수 있습니다.

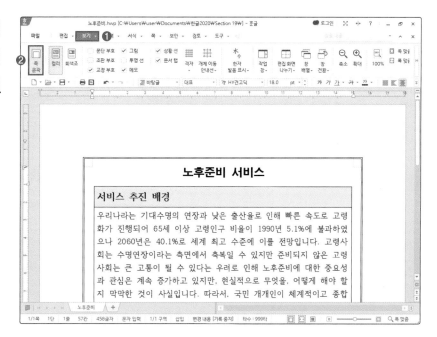

2 쪽 번호 넣기

1. [쪽] 메뉴의 펼침(▼) 단추를 클릭하여 [쪽 번호 매기기]를 클릭합니다. [쪽 번호 매기기] 대화
상자에서 쪽 번호 위치와 번호 모양을 지정하고 [넣기]를 클릭합니다.

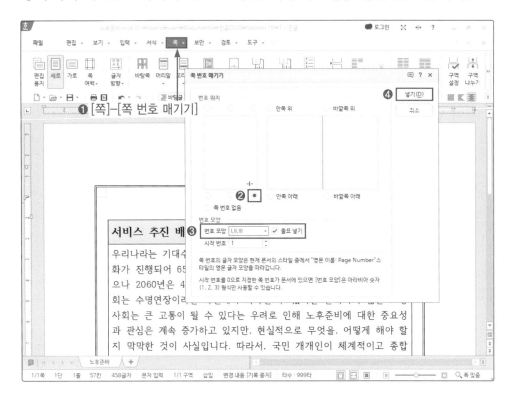

2. 화면을 아래로 이동하면 다음과 같이 쪽 번호가 삽입된 것을 확인할 수 있습니다.

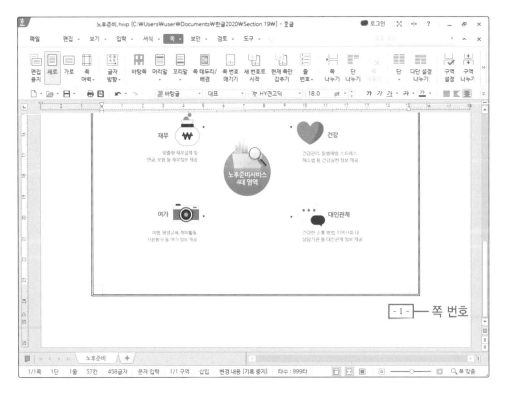

1 다음과 같이 내용을 입력하고 점선 테두리를 설정한 다음, '독도의탄생.hwp'로 저장해 보세요.

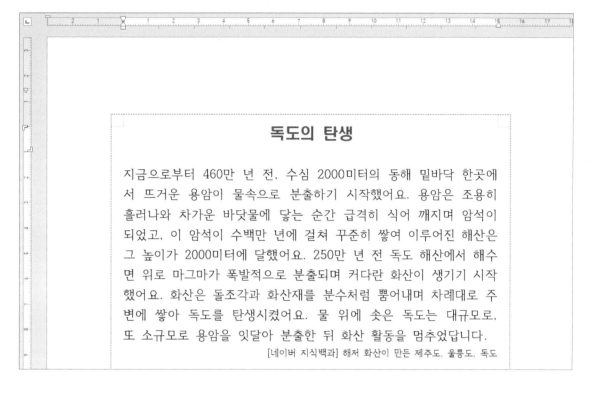

2 문서 아래 왼쪽에 다음과 같이 쪽 번호가 표시되도록 해보세요.

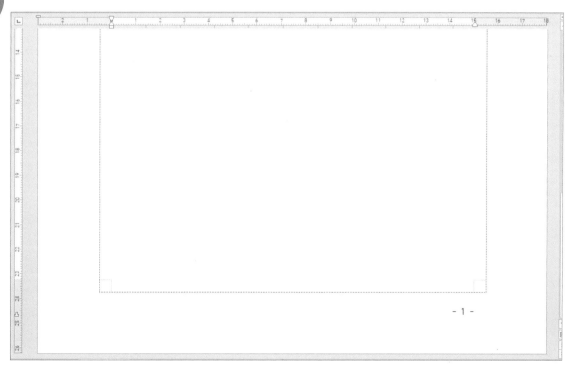

▲완성파일 : 독도의탄생_완성.hwp

③ '나주역사.hwp' 파일을 불러와 파란색 파선으로 테두리를 설정해 보세요.

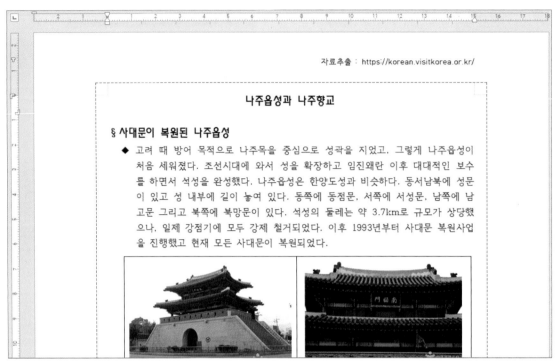

④ 문서 아래 왼쪽에 다음과 같이 쪽 번호가 표시되도록 해보세요.

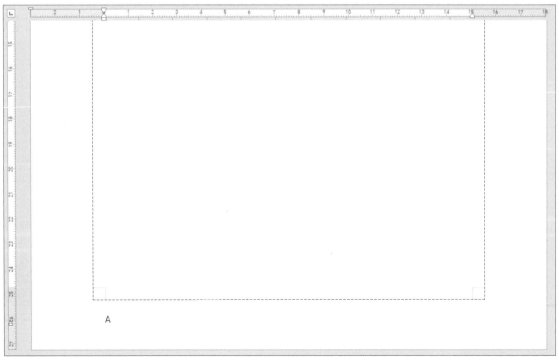

▲완성파일 : 나주의역사_완성.hwp

책갈피와 하이퍼링크 설정하기

 한·글·2·0·2·0

문서를 편집하는 도중에 현재 커서의 위치에 상관없이 표시해 둔 책갈피로 커서를 바로 이동시킬 수 있습니다. 또한 하이퍼링크를 이용하여 문서의 특정한 위치에서 현재 문서나 다른 문서, 웹 페이지 등을 연결하여 이동할 수 있습니다.

1 책갈피 설정하기

1. 'C:₩문서₩한글2020₩Section 20'에서 '이천쌀.hwp' 파일을 불러옵니다. '◐ 특징' 앞에 커서를 놓고 [입력] 메뉴의 펼침(▼) 단추를 클릭하여 [책갈피]를 선택합니다.

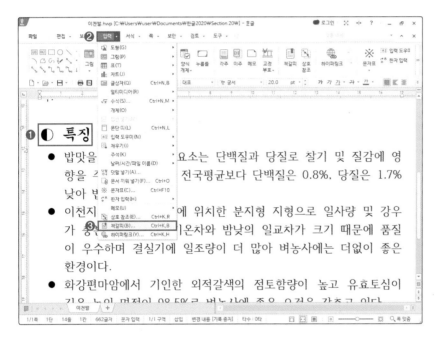

2. [책갈피] 대화상자에서 책갈피 이름을 입력하고 [넣기]를 클릭합니다.

> **tip** 삽입된 책갈피는 본문 화면에 표시되지 않습니다. [보기] 메뉴를 클릭하여 '조판 부호'에 체크 표시를 하면 삽입된 책갈피 위치를 확인할 수 있습니다.

2 하이퍼링크 설정하기

1. 표시한 책갈피로 연결할 단어 '특징'을 블록 설정한 다음, [입력] 메뉴의 펼침(▼) 단추를 클릭하여 [하이퍼링크]를 선택합니다. [하이퍼링크] 대화상자의 [흔글 문서] 탭을 선택한 다음, '특징'을 선택한 후 [넣기]를 클릭합니다.

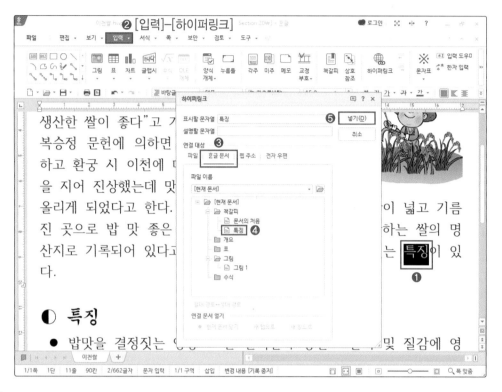

2. 하이퍼링크로 연결한 '특징'에 마우스 포인터를 올려 놓으면 마우스 포인터가 손가락 모양으로 바뀝니다. 이 상태에서 '특징'을 클릭하면 책갈피로 표시해 놓은 위치로 이동됩니다.

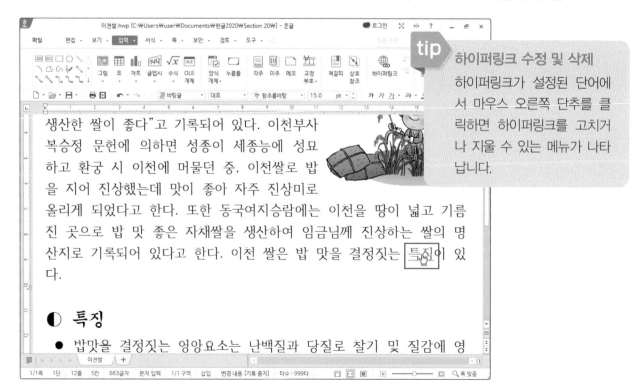

tip

하이퍼링크 수정 및 삭제
하이퍼링크가 설정된 단어에서 마우스 오른쪽 단추를 클릭하면 하이퍼링크를 고치거나 지울 수 있는 메뉴가 나타납니다.

혼자 풀어보기

1 '라이프온.hwp' 파일을 불러와 2페이지의 소제목에 책갈피를 표시해 보세요.

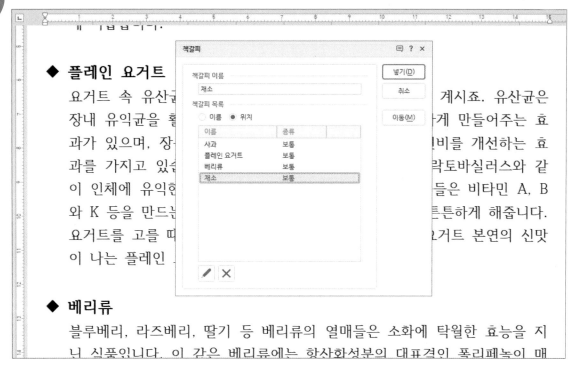

2 1페이지의 표에 입력된 내용과 책갈피를 하이퍼링크로 연결해 보세요.

▲완성파일 : 라이프온_완성.hwp

'수호석.hwp' 파일을 불러와 문서 소제목에 다음과 같이 책갈피를 표시해 보세요.

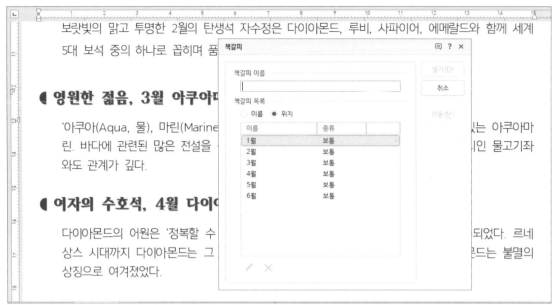

 1페이지에 다음과 같이 하이퍼링크로 연결해 보세요.

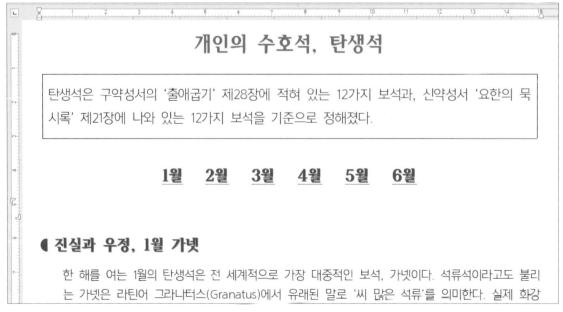

▲완성파일 : 수호석_완성.hwp

Start! 첫걸음
한글 2020 단계별 정복하기

2022년 2월 20일 1판 발행
2024년 6월 20일 3판 인쇄
2024년 6월 30일 3판 발행

펴낸이 | 김정철
펴낸곳 | 아티오
지은이 | 김수진
마케팅 | 강원경
표지 디자인 | 박효은
편집 디자인 | 이효정
전 화 | 031-983-4092~3
팩 스 | 031-696-5780
등 록 | 2013년 2월 22일
정 가 | 8,000원
홈페이지 | http://www.atio.co.kr
주 소 | 경기도 고양시 호수로 336 (브라운스톤, 백석동)